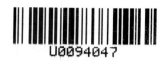

棋卦人生

正信為本、棋卦為器，縱橫人生路

首本運用象棋卜卦解決你的
人生課題，只要心中有疑，
都能舉棋若定、步步為贏！

象棋卜算達人 **釋正凱**——著

目錄

Contents

【全彩象棋牌卡】使用說明

★ 收錄全彩象棋牌卡，沿卡片邊緣裁下即可使用。

★ 共 32 張牌卡，每張代表一支象棋棋子，每張牌均有標示對應棋子與該棋子之特性，方便使用者快速上手。

★ 每問一事，從中抽取 5 張牌卡，依序擺放，再依卦象與當下的情況進行客觀理性的解讀。

★ 請保持正常心態、心誠則靈。切勿過度沉迷或迷信，卜到不如意的卦象不代表就是壞卦，若不信卦，一開始就不要占卜，否則只是浪費時間和褻瀆守護神的善意。

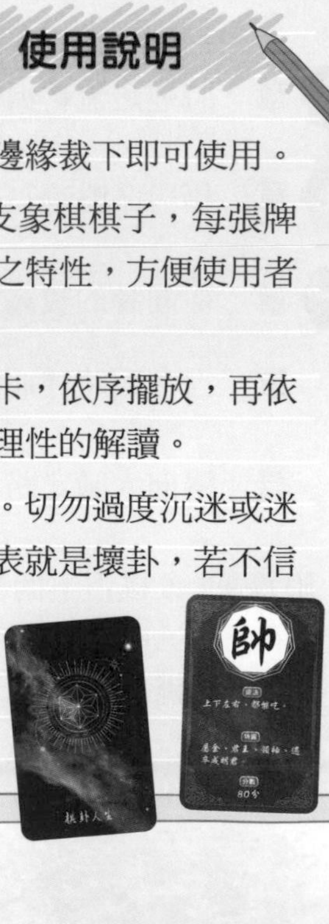

｜推薦序｜

了解命運、掌握命運

與釋正凱老師的認識真是相見恨晚，承蒙老師看得起，先讓我一睹新書內容。坊間的占卜算命書籍這麼多，如佛家所說的因緣，要是沒緣分，還真不會接觸到，尤其是講象棋卜卦的書，在市面上更是少之又少。

就我所知，自古以來命理有兩大系統，分別為測命系統與測機系統。測命系統就是必須知道卦主的生辰八字或姓名等資料來論命，例如八字、紫微斗數、占星學等。測機系統則不需知道生辰八字等資料，直接占卜算出當下的「機」，例如《易經》以及本書要介紹的象棋卜卦。

由於三個原因，我非常推薦象棋卜卦：一是占卜師的建議很重要，因此他們的理解與生命涵養攸關甚鉅。釋正凱老師在他的《棋卦人生》裡，完全是位苦口婆心的老師，字字句句充滿勸戒與愛，他透過分享象棋卜卦的案例配合自身學佛二十多年的經歷將他生命的經驗與體會分享給大家，引領大家往更好的道路前進。

我推薦象棋卜卦的第二個理由是，在接觸釋正凱老師後，我知道命運其實是可以改變的，因此如何知道現在的「機」，乃至掌握、運用、回應當下的「機」便非常重要。

Preface

第三個推薦理由是，象棋卜卦這套工具可以不需要生辰八字就可以排出一個人的命盤，也可以當下問事，一事一卦為主，反之，《易經》有其特別的符號與運算體系，內容也過於艱澀，一般人不容易進入，也不好親近，相形之下，象棋卜卦的簡單好上手就脫穎而出了。

本書的另一個目的是要引導象棋卜卦學習者如何成為一位專業又能助人的占卜師。老師在這本書中，將象棋卜卦來源、介紹與運用，淺顯易懂地進行分享，並融合了他修習佛法而來的領悟來幫人改命造運。並讓讀者了解如何藉由象棋字義及排列方式提供需協助對象的心靈上的支持。

在此，我覺得這是一本相當有意義的書，推薦給每一位專業助人者。真心希望更多有緣人能夠看到這本書，進而從中得到正向的收益。

南昌車業負責人 黃琪雅

｜前言｜

心定，命自定

我想到電影《少林足球》中星爺的一句對白：「命運是掌握在自己手裡的」，我們從小到大一定常常聽到這句話，有時候這句話聽起來很勵志，但有時人生困惑時又覺得這句是廢話。我進入社會一路跌跌撞撞，因感到困惑進而學習命理，才發現人生並非如此，似乎冥冥之中有某種力量影響甚至決定了我們的人生。

回想這一路走來的過程中，我一直在思考生命的本質，為了找尋答案我深入佛門去尋覓，也因此接觸了佛法中唯識學這個概念，佛說：「心如工畫師，能畫諸世間」，而這個「心」到底是什麼？市面上所有在論述所謂「心」的書，大部分都是在說「意識是心」、是能控制及主導人生一切的怪力亂神之源。但我實際去觀行及驗證後，才發覺我們的意識其實很脆弱，它只是腦袋的一個聲音，只能幻想跟用來辨識事物的功能，但沒有意識我們也無法學習世間的一切知識，甚至用來修行，用來修正身口意行，進而學佛或者是基督教的修行。正因如此，我才了解到唯識學所說的概念，我們的心才是真正的主宰，而這個心在佛法中有第八識阿賴耶識、真心、如來藏等諸多名相，而我們的物質世界也只是因緣際會暫時存在而已，所有的一切都是由它直接或間接產生的。當時才真切明白，「能畫諸世間」這句話的道理，也明白原來我們的人生是受「真心」所掌控的。

在學習命理的過程當中，我更發現到為什麼會有人說有三種人的命是算不準的，而修行人便是其中之一。因為所謂修行的人，就代表他不是在三維物質世界中努力，而是在用意識、在自我觀行下，進而在身口意行上去下功夫，不斷修正自我言行，將長時間染污習氣的種子清除乾淨，改變了果報，這樣下功夫的人命運自然有所改變。

以前我很喜歡去算命，但總感覺怎麼算都算不準。明明好年運要衝，結果卻虧錢了；不去算、就這樣順其自然反而賺了錢。也因為這樣我並不鼓勵人家去占卜、算命，但我仍然會幫別人看命盤，當然這是在我要與他人合作時才會看，非常神奇的是，看別人就準但看自己就不準，就讓我想到中醫的一句話：「醫者難自醫」。

為什麼不鼓勵？如果知道將會發生好事，說不定我們人就會開始懈怠或忽略了細節，這樣反而不好；如果知道要發生壞事，還沒發生前就開始擔心或是自廢武功，時時提心吊膽，豈不杞人憂天，導致每天心情都不好？所以算

命不見得對我們都是益處。

重點是，一般的占卜或算命大都只告訴我們結論，最終還是要靠我們自己想辦法，根本無法解決問題。後來我學習佛法後找到了解決問題的方法，這世界最有價值、最值錢的事，就是找到解決問題的方法，進而去生產解決問題的服務，才是有價值的事。也讓我下定決心要把這套象棋卜卦的方法分享給大眾，讓大家未來面對人生問題都能善用手邊工具，讓心能舉棋若定，步步為贏。

這套象棋卜卦，除了可以讓我們看到一些原本看不到的面向，更幫助我們釐清問題的狀態，再搭配解決方案，我相信可以讓大家活得更加自在，心境更加穩定，進而走向修行的道路。日本的大企業家稻盛和夫說過一句話：「讓自己走得時候比來得時候更純淨一點」，不僅是我衷心所願，也是我們每一個人都需要學習的人生功課。

釋正凱

般若波羅蜜多心經

第一章

傳承先賢的智慧，占卜的起源與心法

古來先賢占卜智慧，
是因上蒼憐憫眾生之故而指點迷津之舉，
一切皆不離眾生心之所現，
若能以空杯心，聆聽先賢的智慧，
必能看透心中謎團，轉迷成智，
為自己人生開闢新局面。

第一章
傳承先賢的智慧，占卜的起源與心法

卜卦並非迷信，而是讓你謀定而後動的工具

我先來聊聊卜卦的起源吧。人們在面對未知的壓力時，會變得非常恐慌，因此可能尋求占卜等方式來解決問題，隨著文明破曉，占卜如今被視為迷信的手段，即便如此，古今中外，不論哪一個社會，仍都存在某種形式的占卜，可以說碰到問題時求神問卜是普世文化現象，當所有社會都存在這種作法時，占卜真的還算是一種迷信嗎？

中西方的卜卦各有不同的體系，東方卜卦的起源最早始於《易經》，而西方世界則可以從上古時期的美索不達米亞文明一直發展到今日的占星術體系，也就是一般所說的「星座」，還有塔羅牌等眾多算命及卜卦方式，無論哪一方的占卜方式都是迷信嗎？

其實不然，古代君王會用卜卦來決定國事，如今也有

不少企業家會利用風水來增加運勢，這些成功人士也算迷信嗎？其實占卜是一套有科學邏輯及經得起驗證的運算方式，以前的君王在管理國家及人民的龐大壓力下，為了要讓國家風調雨順，人民安居樂業，需要執行祭天活動以供養天地，並用卜筮的方式來尋求答案；每當要下重大決策時，君王會先問問自己的心，從自身找不到答案時，就會請身邊的謀士來卜卦。在《尚書・周書・洪範》中就有記載：「汝則有大疑，謀及乃心，謀及卿士，謀及庶人，謀及卜筮。」由於古人有利用卜卦來幫助自己作重大決策的要求，因此發展出《易經》八卦，甚至琳瑯滿目的奇門遁甲。

時至今日，人們會用很多種方式來探尋未來，甚至自己的運勢以及將發生的事。舉個例子，佛陀還在人間弘揚佛法的時候，弟子們如果心中有問題，都會去向佛陀請示，這是為什麼呢？除了佛陀是他們的導師外，佛也了知一切因果。只有佛才能知道問題的本質，所以弟子一有問題，就會向佛陀請教解決的方法。所以當佛陀涅槃之後，弟子們如果心中產生疑惑，甚至有重大的決策需要方向時，就會用擲筊的方式，至心虔誠地向佛陀請示，請佛陀給他們一個決策的方向。

其實困擾人的就是這種未知、不確定性的元素，所以不論西方或東方都有一套探尋未來的方式，這就是卜卦的起源，當然準確與否主要還是與個人的見地及信念有關。

卜卦與算命其實是兩回事

那卜卦跟算命又有什麼不同？一般而言，它們其實是兩種不同的架構。坊間有紫微、八字、西方塔羅牌、星座等一堆算命方法，就我們華人來說，大家最耳熟能詳地大概就是紫微和八字，這裡面的派別包羅萬象，但是紫微、八字沒有辦法拿來問事卜卦，它們無法針對單一事件來看發生的狀態。雖然紫微、八字可以看出一整個流年以及命宮、父母宮、事業宮等細項，但缺點是無法依照你的生活所需隨時提供你所遇事件的解決方向，但是卜卦就可以做到。市場上有很多種卜卦的方式，如金錢卦、鳥卦、西方塔羅牌甚至星座，可是這些系統非常錯綜複雜，你無法在短時間之內學習並加以善用。大部分的人認為紫微、八字是用來算命的，但我個人覺得它們比較像是在算運，也因為它們太複雜又難學，還必須配合整個大環境流年，甚至你個人的年運以及五行等等。這種龐大的系統若要學會，必須投入非常多的心力、金錢與時間，有些人甚至學很久還學不會。

以我的經驗來說，就算同年、同月、同日、同時生的人，就像雙胞胎的八字一樣，可是每人呈現出來的生命結構仍有一大段的差距。如果以紫微、八字來看同年、同月、同日、同時生的人，他們的命盤格局看似一樣，可是實際上他們的人生旅途卻呈現極大的差別，但是若從卜卦來測，就可以看出他們整體的命運結構及未來運勢的差別；因為這是由當事人親自一支一支抓出來的卦象，也比較符合他們當下的生命結構及狀態。

所以我更喜歡用象棋來幫人看命盤或來問單一事件，原因就是可以看出很多的細節變化。除此之外，象棋卜卦也很方便，當有一些卦象我們不是那麼清楚該怎麼解釋的時候，可以針對細項再起一個卦，額外再去解讀，可是紫微、八字就沒有辦法這麼做。且紫微、八字還有一個很大的問題，就是如果不知道對方實際的出生時間，便無法算得精準，無法看到很多的細節。從我以前做公益免費幫人卜卦累積下來的經驗告訴我，有些人並不會坦白告訴你他們的出生時間，甚至有可能隱瞞，又或者他本人忘記了、長輩也忘記了，就無法準確卜卦。但象棋卜卦就不會發生這個問題，因為這是他本人親手抓出來的，是他的護法神給予他的指示。

紫微、八字的系統過於複雜，有時候看不準有幾種可能的原因，如果對象是修行者或是大善或大惡之人，就無法很精確地看出來。以前幫大家看紫微、八字時，我會問對方一些問題，如果對方回覆沒有發生那些事的話，就代表他的命盤已經不準了，再看下去也沒有多大的意義。可是當對方在我面前親自抓出卦象時，就能一覽無遺、無所遁形，這是為什麼呢？這是因為他的起心動念，護法神會精確地幫他在卦象中顯示出來，你會發現這整盤的格局就是他的人生縮影。總而言之，卜卦跟算命是兩種不同的方式，很少有一種工具能同時拿來卜卦跟算命。

法無定法，一切還是要從心而定

現在我們來研究一套非常好用的工具，它同時兼具卜卦與算命這兩種功能，就是我們的「象棋卜卦」。據說象棋卜卦最早由濟公師父所創，祂為了幫助眾生便在夢中傳授弟子這套方法。其實自古以來流傳下來很多很棒的智慧，比如《易經》、紫微、八字、米卦，乃至西方的占星、塔羅等等，都是有人接到上天的訊息，然後嘗試與驗證出來的。

濟公老師教會弟子之後，弟子便開始透過幫人家解卦，一邊嘗試一邊累積個案，而我的老師便是師從其中一位弟子的流派。在此也特別感謝台中霧峰的蔡建安老師無私地教授大家象棋卜卦，而我也欲將我學習象棋卜卦的心得與驗證過的諸多案例彙整成書，分享給大家！書中關於象棋規則源於蔡老師的完整教導，但是法無定法，目前還不能論斷的部分，都需要靠時間來幫忙驗證。當然讀者仍然可以藉由此書學習象棋卜卦的智慧，或者直接向我的恩師蔡老師進一步學習。其實無論是向誰學習都沒關係，因為這些都是天人的版權及專利智慧，而這些留存下來的智慧若能幫助更多人改變生命歷程，我相信這也是上蒼神明所期望見到的。

我之所以願意分享象棋卜卦，是因為我在修學佛法中已經找到對卜卦出不理想結果的解決方案，即不論何種算命卜卦，都可以用佛法來化解問題。既然有了解決方案，要是能透過卜卦事先知道我們可能作出的決定會產生怎樣的結果，就可以先把這個「如來藏心」中被習氣污染的種子經過修行後有程度地淨化掉，未來就不會造成損失了。

那要怎麼做呢？我會在下一章中詳細說明。

般若波羅蜜多心經

第二章

命運之輪是天命所賜，抑或人為可變？

上蒼不賜已命，實為無量劫來眾生無明而造：

上者，倘若造得心好命亦好，人生富貴直到老。

次者，心好命不好，努力積福，人生到老禍亦不來。

下者，命好心不好，可惜福來亦轉為禍兆。

愚痴可憐者，心命都不好，遭殃貧夭亦不足惜。

心可挽乎命之所向，最要常念存人道。

第二章
命運之輪是天命所賜，抑或人為可變？

人生迷途的指引

現在我們來談談命運，可能有人會問說：「了解自己的命運要幹嘛？不會少了一些探索未知的樂趣嗎？」我總會回答：「這得看從哪個角度來說，知己知彼、百戰不殆，不是更好嗎？」這是一個很好的問題，其實人類是一個很特別的存在，也是很矛盾的生物，但人之所以有趣，就是因為生活當中充滿了許多「不確定性」，「不確定性」非常重要，因為「它可是上帝的恩典」！這麼說吧，如果你的明後天都是確定的，確定的行程、確定的人事物，全都是不變的，你一開始一定會安心生活幾天，但時間拉長後，便會覺得乏味，甚至恐慌起來。你的人生都已經是確定了的，哪有什麼樂趣可言？所以這種不確定性是上天賦予我們最大的恩典，但可笑的是，人們對於未來的不確定性又充滿恐懼、害怕與擔憂，我們一直不斷地找尋答案，甚至希望掌控方向。人類真的是一個很矛盾的生命體，但也因為如此，才衍生出許多包羅萬象的生活，不是嗎？

其實人對於不確定性感到恐懼只不過是因為缺乏一個明確的規劃與方向而已，這也是占卜最大的作用。當我們前方出現不明朗的未來或在我們遲遲無法作出重大決定時，能夠有一個方向讓我們依循前進。這種「不確定性跟重大方向的決策」是相輔相成的，占卜只不過是降低風險，做好一個風險控管而已，當然沒辦法百分之百明確，因為未來是你還沒有去執行的，所以只能作為你的參考指標。我再舉個例，假設你要去國外旅遊，你可以不做任何的計畫，來場說走就走的旅行，遇到意外就臨機應變。就好比人生，你不需要事事去算命卜卦，隨心而行，這也是另一種規劃。但學習占卜就好像是我要去一趟旅行，我拿張地圖研究，知道我要去哪個點做後勤補給、朝哪個方向不會迷路，能更有計畫地去安排這趟行程，這樣一個充滿規劃的行程是不是也令人心安呢？有時候我們可以把占卜或者算命看作是一張地圖、一個節點，做這些事前功課只是為了讓自己走得更安心、更快樂，降低這趟旅程可能發生的諸多風險。當然事前規劃可能讓旅程少了一些刺激或驚喜，但卻能少了很多因為不確定性而引起的擔憂。所以在開始學習象棋卜卦之前，要擁有正確的心態，避開傳統卜卦算命帶來的不良影響，讓卜卦成為幫助我們解決人生問題的好工具。

種什麼因得什麼果

在算命之前，我們先要明白，「命運」到底是什麼？「命運」二字必須要拆開來解釋：命是定數，從出生後就注定要死亡；而運就是出生到死亡之間的這一段過程。我將用大量佛法的角度來進行解釋，還請讀者細細品讀和體悟。

從佛法的角度來看，其實命是正報，運是依報。正報，就是你過去世所造的異熟果報。你過去世所造的身口意行，落謝下來就是異熟果。異熟就是指「異生而熟、異地而熟、異時而熟」，也就是說你的過去世成就了你未來世的五陰身，你未來世的五陰身包含了你的色、受、想、行、識，即是《心經》所謂的「五蘊」。這個「五蘊」就是你的命，是你這一世命的一個展現，也是你的正報。

你的「五蘊」含藏了你的六識種，乃至於你的身口意行的業種。這時身口意行的業種自然而然會去相應於你這一世的所有果報，這就是你的正報，也就是你的命。那命能不能改呢？命能改。那改命必須依著什麼改呢？你要改命的話，必須要奉行五戒十善，必須要受持五戒十善，讓你的身口意行清淨，真心內的種子才會乾淨，你才有辦法改命。至於命有沒有辦法現世改呢？現世改命的可能性是非常低的，現世命只能影響未來世的異熟果的成就，無法現世命現世改。你這一世若依修持佛法去修行的話，自然而然會成就未來世的一個異熟果報，也是可愛異熟果的正報。所以我們說命是正報，而運是依報。

運，也就是我們一般所說的後天運，還有風水。「風水」其實是依著你所處的環境，也就是你生存的環境。你生存的環境包括人、事、時、地、物等各種因素的互相影響，也就是說你所處的空間、你所處的時間、你的人際網絡等等，這些都是屬於你的依報。這個是屬於你後生運的部分，會跟你互相影響。這一部分能不能改善呢？當然也能改善，至於要如何改善，還是依著佛法修持五戒十善，自然而然人際關係會慢慢改善，乃至於相應於依報上的一個關係也會慢慢改善。

正報跟依報其實是互相影響，正報會影響依報，依報也會影響正報。你過去世所做的善業也好、惡業也罷，這一世成就的善果跟惡果自然會跟你這一世出生的環境相應。前面說過，出生的環境正是一種依報，所以會影響到未來世所要受生的地方；所以正報跟依報，其實是互相相應的。

不是福地福人居，而是福人居福地

如果你這一世所處的環境不好的話，你就必須要了解，一定是因為受到你過去世所造的善業還有惡業的果報的影響。命運跟風水，其實跟福德有關係。我們看到有人去改了風水、改了命運以後，他的運勢真的好起來了，但這真是因為改風水改好的嗎？其實不是，這主要是因為福德的關係。是因為他有福德，所以才會跟一個好的因緣相應。我們常聽人說福地福人居，但與其說福地福人居，倒不如說是福人居福地。

這裡跟大家分享一個小故事。有一個風水師到山上去堪輿的時候，因為口渴就跟當地一位老伯要了一杯茶喫。老伯端給他一杯熱茶，只見熱茶上面灑了稻殼粗糠，風水師一邊喝一邊心裡嘀咕，覺得老伯奉給他的這杯茶沒有誠意，於是決定給老人家一點教訓。於是他就問老伯說：「你家那一邊有一塊地，那一塊地是誰的？」老伯說是他的，風水師就跟對方說：「你這一塊地是塊福地，你必須要定居在這個地方。你在這塊地上蓋房子，你代代子孫必能獲得這塊風水寶地的庇蔭。」這個老伯聽信了風水師的話，真的就在那塊地上蓋房子，結果真的家業興盛。有一天，風水師再次經過這個地方，他非常好奇，當時他一時興起想惡整老人，故意說那一塊地其實是寶地，但從風水學來講，這塊地風水非常不好。所以風水師再度來到老伯家，詢問一下他的近況以及當時討要的那一杯茶。老人告訴他：「當時是因為你剛爬上山來，爬上山來一般都會比較口渴，比較口渴的時候，如果冒然地把冷水喝下去是會傷身體的，所以我就用了熱水再灑上稻殼，讓你慢慢地飲用。飲用熱水對身體的傷害比較小，而且對身體也有幫助。」

風水師這時候才知道，原來他是以小人之心度君子之腹。而原本是一塊從風水師的角度來看沒有福德的土地，為什麼這個老人住了以後會收穫福德呢？照理講，住在這個風水不好的地方，代代子孫應該都是會遇到不好的遭遇才對，為何這位老者，乃至於他的子孫及家業越來越興旺，這是什麼道理呢？就是因為他們的身口意行是行善，累積了這樣的福德，所以反而跟這一塊地的福德相應了！所以我們說，佛教不否定命相還有風水，但是命相跟風水仍然離不開因果律，這也是眾生福德的反射。因為命相、風水一樣是因果律裡面所含攝的，如果離開因果律的話，就沒有所謂的命相跟風水了。但是如果依著因果律來談命相跟風水的話，命相跟風水這個現象界的一個事實，其實是存在的。但是佛是禁止弟子從事追求命相堪輿，這是為了眾生，為防止眾生因為不明白因果的真相，而落入了邪見。雖然命相與風水堪輿有它們存在的道理，但是一昧去追求命相還有風水堪輿，卻是本末倒置的行為。我們應該要去受持五戒、行十善業。只要受持五戒、行十善業，自然而然就能夠跟我們的福德相應。跟我們的福德相應的話，所謂的福地福人居，就會是福人居福地了。

風水學所說的福地，是會改變的，認為福地不會改變是因為眾生不明真相的緣故。修福德也跟佛教中講的斷除三縛結——我見、見取見、戒禁取見有密切關連。什麼是三縛結呢？這裡簡單說明一下，三縛結其實就是三種比較大的煩惱！「煩惱」在一般人的認知裡面，是指心裡掩藏或擔心或執著某一件事情的苦惱。但是在佛教的生命觀中，煩惱的定義並不只是如此，凡是會障礙出離三界生死解脫的心行（心念），都叫作煩惱。比如說你對某一件事情的感覺是快樂的，但是這種快樂的感受也是會障礙解脫出離三界生死。有些人會說感到快樂不好嗎，為什麼要斷除呢？因為我們身處在一個二元對立的世界，有快樂就會有失去快樂的失落及痛苦相應產生，一樣是一種煩惱，那麼這樣快樂的心行，仍然是屬於煩惱所攝。接著什麼樣的心行會障礙出離三界生死呢？主要有六種「根本」煩惱，即貪、嗔、癡、慢、疑、惡見。這六種就是佛教當中所要斷除的煩惱。如果不斷除這些煩惱就會跟生死相應，便會難離生死，就會不斷因此造就善業及惡業的種子，進而不斷影響命相跟風水的變化。所以命相跟風水，從佛教的角度來看的話，一樣不離三世因果，一樣不離眾生所應該要修集福業的真正的道理。本書述及的佛法都是極簡單的略述，而我的敘述不過是佛法中的九牛一毛而已，讀者若有興趣學習佛法，應當深入經藏方能滿載而歸。我也祈願未來讀得此書的有緣人，都能修學佛法，早證菩提。當然如果是其他宗教的讀者，也可以深入上帝智慧，廣行善法，改變命運過上更好的生活。

般若波羅蜜多心經

第三章

了解心念的力量，
掌握自己的宇宙

心外無世界亦無宇宙，所以者何？

心即世界亦即宇宙，能征服它們並不偉大，

一個人能征服自己的心，

才是能掌握自己宇宙的人！

第三章
了解心念的力量，掌握自己的宇宙

我們接著來談談心的力量是如何改變命運的。心念的力量是不可少的，身為一個佛教徒，我觀察到現在社會上很多人心靈空乏，就連我自己也曾經經歷過生死大關，在財富上也曾大起大落，賺過千萬，也賠過千萬。曾經有好幾年的時間心中一直忿忿不平，我努力學佛、行善業、學戒，為什麼開大刀的會是我？為什麼我必須要承受生死攸關的痛苦？我的心臟為什麼要開刀？為什麼我還是賠錢？那些做壞事的人為什麼可以那麼有錢？我曾經碰到很多我覺得上天待我不公的遭遇，一度放棄學佛，但在找尋答案的當下回想曾經學佛的歷程，最終我還是臣服了。有長輩跟我說，如果沒有之前累積的福德，有沒有可能我根本過不了這些關卡？

我回家後乖乖回去學佛，靜下心後，仔細回想，發現所有的一切原來還是脫離不了因果關係，還是脫離不了福報的兌現。我相信許多讀者應該也跟我有同樣的經歷，這些真的無法只用幾堂課就能夠改變，到最後還是必須在生活當中去努力累積福德、去廣做布施，保持正確的心態面對日常生活，努力地學習，以正當的手段去獲得應有的財富。有的老師說你有多少財富跟你的認知成正比，這句話我很認同。當你對世間法的賺錢認知越多，你的財富自然就會越多越廣，但這還是會有一些因果上的關聯，怎麼說呢？有些人明明很努力，方向也正確，但就是賺不到錢，這是為什麼呢？假如今天有 10 個人要做同一門生意，各位覺得這 10 個人都會賺到一樣多的錢嗎？顯然並不會，選的地點環境不同，選用的材料品質不同，用心程度不同，自然獲得的財富果報就會不盡相同。你說要用科學的方法統一標準作業程序，就像加盟店一樣，開在同一條街上，就算開在同一條街上，這 10 個人所獲得的財富還是不會一樣，其實就跟各自的福報有關。

我們努力學習世間法，這些方法就是你福報兌現的一個藉緣，所以有智慧的人除了努力學習世間法之外，也要努力廣行布施，幫助更多人，累積自己的福報，這樣子賺錢對他來說就不會是件難事。如果大家有在研究命理學的話，就會知道未來 10 年是走「離火午」的大運，其中一個就是身心靈的教育事業成長。由於現今科技不斷進步，現在人在物質方面雖然不餘匱乏，但身心靈部分卻並不富足。佛教界很少談到靈的部分，但是在這裡我也必須陪同大家一同成長，所以在寫這本書時，我自己也做了很多功課，看過很多市場上有關身心靈成長的書，有一些身心靈的老師甚至在教導大家去如何改變命運，而大部分的觀念就來自宗教。大家仔細想想就會發現，如果我們的身心靈需要改變，不正代表我們的身心靈已經出現匱乏嗎？現在大環境讓我們的生活壓力越來越大，尤其是金錢與情感方面，使得大家不斷地去尋找成功的辦法，透過接觸不同的宗教來改變自己，希望增加自己的財富或人緣，但這些真的有效嗎？

我聽過很多人上了無數堂身心靈的課、求神問卜，甚至還到宮廟填補財庫，但做這些真的有幫助嗎？其實上述這些行為我都做過，後來回想覺得自己還挺笨的，屬於病急亂投醫了，最終我覺得還是信念跟見地的差別。當你有足夠的信念、正確的見地，我相信身心靈的成長跟你財富的成長必定會成正比提升。我是一個佛教徒，所以想跟大家鄭重聲明，這世間的萬事萬物其實都脫離不了因果，這是經過科學的反覆驗證，從古自今都是如此，從心靈到物質世界都是因果的兌現而已，如果要真正改變命運，我還是會從佛法的角度來跟大家分享改變命運的方法。

改變命運轉輪的力量

《左傳》說：「禍福無門，唯人所召。」福與禍是不會自己到來的，都是人們自己召感而來的，所以要想有好的果報，現在就開始努力種善因吧。想要改變命運，首先我們應該培養正確的觀念，樹立堅定的信仰，廣結人緣，以戒為師。如果能做到以下這五點，不但能不為命運所控制，所謂命由己造，相信自己還能駕馭命運，福報無量。「天」沒有能力把我們變成現代聖賢，「天」也不能降使我們成為一般的販夫走卒，只要我們努力向善向上，好的命運是指日可待的。

「天有不測風雲，人有旦夕禍福」，古人的智慧已經懂得把人一生的遭遇用禍福來涵蓋了。我就來分享佛法中的智慧，佛陀教育大眾有五個改變命運的轉輪，當然佛教中有很多改變命運的方式，但就這五種方式是最符合現代時下的作法，雖然每一種轉輪都不好轉動，還是希望大家能一起努力。如果你是基督徒，進行禱告跟告解，或將自己全然交託給上帝也是一種選擇。

第一種轉輪：導正觀念以轉動命運

「觀念可以改變命運。」毋庸置疑大家肯定認同這個觀點，從佛教的正念來說，只有正確的見解、正確的人生觀念，小到能幫助個人修身立業，大到能促進社會繁榮昌盛。在佛教文化中，佛陀成道之後，為大眾揭示種種世間痛苦，並教導人們解脫痛苦的真理。佛教中有所謂的八正道，也是佛門弟子修行的八項內容，分別包含「正見、正思維、正語、正業、正命、正精進、正念、正定」，所以一個人的正知、正見以及正念便是改變自己命運的重要關鍵，如果觀念能轉動，接下來的轉輪才能跟著轉動。

《了凡四訓》的作者是明朝萬曆年間的進士袁黃，號了凡，崇信佛法，將一生的體驗寫成了這本著名的勸善書，他用一生的經歷告戒後人，要保持正確的觀念，時時提醒自己從善積德，保持正念，命運是可以改變的，也就是所謂「命是掌握在自己手裡的並由自己所造就的」。

第二種轉輪：肯定自我價值並保持信仰

我們的人生目標當中只要有了信仰，就好比在天空飛翔有了定位目標，旅程中有了方向，做事有了準則，可以一往直前，有恃無恐，迅速到達目的地並平安降落，減少不必要的時間浪費。信仰的力量如同飛機引擎，是我們向前飛行最主要的驅動力，能改變我們的命運。然而並非只有宗教才需要信仰，個人的信仰也可以是對個人、家庭甚至是對國家的盡忠，我們能為他人付出就是我們存在世間的唯一價值，必須要肯定。就像義薄雲天的關雲長，畢生以「忠義」二字為信念，最終也求仁得仁，成為中國歷史上至今仍然影響社會民心、萬民膜拜及備受推崇的英雄。

第三種轉輪：廣結善緣並行好事

我們生在世上，所有的生命型態都是群居的生物，即便是萬獸之王的獅子都需要依靠群體的力量才能走得更遠更久。我們人也是群居動物，無法離群而居，所以我們一生的命運和整個社會大眾有著千絲萬縷的關係，這也是佛教中所謂的共業。就像我們的衣食住行育樂，都需仰賴社會各階層來各司其職，分工合作，因此人際關係是我們生活中不可或缺的一環。想要在社會上立足，就需要廣結善緣、廣結人緣，與人為善，以真誠示人，利他多於利己，和諧自己和他人之間的關係。這樣我們無論在生活上或是工作中，當有需要時，你的貴人就會出現來幫你一把。這就好比你種下善緣的種子，之後就靜待時間發芽，未來必能運勢亨通，事事順心。

第四種轉輪：正向持戒並堅持不懈

第四種改變命運的方法便是佛門當中的持戒（或學戒），但平心而論，我們一般人要想持戒其實還不夠格，只能先從學習戒律並盡量遵守不犯戒開始。如果不小心犯了戒也沒關係，真心悔改不再犯行，繼續前行就可以了，不需要過度自責。佛陀也曾向弟子們告戒要「以戒為師」。那麼何謂戒？戒，並非單指佛教的戒律，它是一種規範，時刻提醒我們與觀照我們的心行，讓我們戒掉惡習、惡行，進而從善。它提醒我們哪些該做、哪些又不該做，讓我們保持正念與正見，將真心內習氣染污的種子消除，長時間將習氣染污的種子清除乾淨，方能改變果報，這樣下功夫的人命運自然也得以跟著改變。

第五種輪轉：利用等流效應，提前果報兌現

何謂等流效應？大家都聽過捨得捨得，有捨才有得。把錢捨出去，錢就來了，把愛捨出去，愛就來了，諸如此類的作法，大家肯定耳熟能詳。我們會有福報、能賺取更多的金錢、能有貴人前來給我們施予援手，這些美好的果報都是過往捨出去的布施累積下來的果報。這些種子發芽的果報最終還是會兌現回到我們身邊，只是時間早晚的問題。這些都是我們布施後的種子，種在我們的「如來藏」心田中。大家可能會好奇，如何才能將福報提前兌現？

等流效應在佛教中稱作「等流果」，因為你不斷地布施就會不斷有福報的種子種在你的心田中。這是一個循環，你如果持續不斷地布施，果報兌現後你賺到了錢，又

拿去布施，又賺到果報，形成一個閉鎖的循環，加速布施還能加速果報提前來到。大家可以把它想像成是一個循環圖，你布施，因此你有福報的種子，有些人能夠加速布施，是因為他們持續不斷而來的果報提前兌現所致。還有另一個方法可以提前果報兌現，就是跟佛菩薩發願。如果你的心田中有福報的種子，當你有需要時就可以向祂許願幫忙，祂就會在你需要時提前安排緣分來兌現。但是如果你連布施的作為都沒有，你的心田當中沒有任何福報的種子，自然誰也幫不了你，因為祂不能隨意地給你這樣的福報，會干涉因果。

這看似簡單的邏輯，但一般人卻很難做到。我曾經遇到有人跟我反應，自己都沒錢了哪有錢去布施？一般人不懂布施，以為只能布施金錢，佛也說過哪怕一個微笑都叫作布施，能為眾生付出時間也是布施。可能有人會問，那布施微笑，未來也能兌換成金錢嗎？當然可以呀！假設你是一個業務員，你跟客戶做生意、談業務的時候，你會擺一張臭臉嗎？你一定是先展開微笑，讓對方感受到你的溫暖，即便你再不開心還是要先微笑，讓對方感受到誠意。之後你再花時間講述你的項目，他感受到了是不是自然就能成交，業務獎金就是如此兌現來的，所以我們可以利用等流果的循環效應，將你的福報應用在生活中提前兌現。

這裡跟大家分享一個觀念，雖然錢是有能量的，但它也只是一個工具、一個附加價值罷了。人生並非一定要以賺錢為目的，在現實的物質世界中，錢為什麼重要是因為它來自於你在想「你可以提供別人什麼樣的服務（布施你的服務）、解決什麼樣的問題」而產生的能量或福報的流動。所以什麼叫「生意」？生意就是在幫別人解決他們問題的同時，我們順便賺點小錢。賺大錢絕對來自於量大的小錢，多捨就會多得，大家記得，重點來自於不斷地捨出，不斷地布施，這就是等流效應。

萬法唯心造，心安一切安

佛法的核心在於「心念」，一切唯心造（並非意識心，而是第八識真心）。每個人的命運都是自己積累創造的，隨著無量時空積累造作，成就現在的模樣。有人富貴榮華，那是累世的福報；有人終生平庸，那是累世的平凡；有人慘不忍睹，那是累世的業報。

命運既然是由自己創造的，也可以重新開始，創造自己想要的命運。在原本命運的軌跡上畫上新的軌跡，這就是修持的目標，當然這是一個重大的工程，必須要持之以恆。在面對原本的命運軌跡時，能夠不受其干擾妨害，具備足夠的智慧與福德去面對；最後，不僅能重新創造命運，也能讓原本的運勢逐漸提升，讓好得變得更好，壞得變得沒那麼壞，所謂的「善業增上，重業輕報」就是這個道理。

因此，整個改造的重點就在「心念」。起心動念，從心念到實踐，從實踐到改變。幾乎所有人的心念都是從「自我」的角度出發，都是以如何對「我」才是最好的為出發點，甚至我們後天的教育養成、社會風氣，都在教我們如何能獨立思考、有能力、有專業、有品德、有才學、能早日財富自由、功成名就、五子登科等等。這一切都是以「我」為中心，心念已經養成自我、自立、自利的思維，一時也難以改過來，但為了自己的未來，不妨給自己一段時間去歷練一下吧。

佛法就跟我們的認知不一樣，是以「利他」為出發點，佛陀說法都是為眾生而出發的，因為祂老人家曾說過「心、佛、眾生，三無差別」，幫助別人其實就是在幫助自己，透過「利他」來達成「利己」的目的。如果你想要有錢，那你就必須先布施捐錢；想要有人緣，就要先對他人友善；想要有智慧，就要先深入經藏、大量充實自己，替他人解決難關；想要有安全感，就要先幫助別人心神安定；想要被愛，就要先愛人；想要找到理想的愛人，自己就要先變成會被理想對象所愛的樣子。

這裡我要再強調一個觀念，千萬不要把佛法當作「宗教」。我們可以用「試驗」的精神去接觸佛法，甚至是「體驗」的態度去嘗試都可以。宗教的迷信會讓人盲目盲從，不知所謂，但是實驗、體驗則不然。如果你親自去實證，你才會深刻地體認到佛陀說的每一個道理都是真理。

所以究竟要如何改變命運呢？你可以遵循以下三點，每日持之以恆：

❶ **日行一善**：學會布施，每天至少做一件善事，不論大小，即便是微笑待人或溫柔的語言都算；少做一件惡事，例如背後說三道四或傷害小動物等等。

❷ **持誦經典或聖號**：每天念正統的佛菩薩聖號或虔誠禱告（千萬別念來歷不明的咒語，比如藏密鬼神咒語，因為你不知道呼喚來的是神是鬼，單純聖號即可）。任何佛號至少念到百遍以上，越多越好（盡可能專注念誦，越專注越能讓自己心思清淨理性，進而影響行為、改變自我）。

❸ **每日三省吾身**：學習每日三省自身當日的過失，告訴自己絕不再犯（這也是前面提過的學戒），進而改變自己的身口意行，讓自己每日都能變得更好。

迴向文範例

以上三點每日修持完畢後，再以自己的迴向文或懺悔文總結，範文如下：

一、迴向文

弟子〇〇〇謹以今日行善功德，與普門品（第〇品）與菩薩聖號（〇遍）或其他佛號佛經，誦讀持念之功德，迴向法界及一切眾生，願眾生離苦解脫往生極樂世界。佛菩薩聖號（3 遍）。

二、懺悔文

祈願諸佛菩薩，協助我懺悔消除累世業障惡習，使我的累世冤親債主皆能解脫自在，讓我身心安然自在。

三、祈願文

祈願自己父母身體健康（父母是自身財富及能量的來源，越孝順越有福報，父母為第一無上福田），在工作上能與同事和氣團結，與上司相處融洽，工作穩定或業績能蒸蒸日上。我的家人們都保持身體健康平安、家庭和樂、與另一半能相處愉快、溝通更順暢（或祈願未來能有自己的房子或所需要的器具），儘早退休進而有更多時間廣行善法、幫助更多的人！

前兩篇範文屬於公版，每個人都可以照著念誦，祈願文就要根據各自的心願來調整。為什麼最後要念誦這些文呢？迴向文的作用在分享，將自己修持所產生的正向能量給予需要的眾生。懺悔文則是在消除自身的負面能量，利用堅持的廣行善法祛除自己的陰暗面。個人祈願文可以理解成透過修持轉化自己的心願，進而改變自己的命運。要注意的是，祈願是讓自己心念得以「集中」而不散亂，進而從內而外獲得改變，並非在向神祇乞求賞賜。如果只是抱持希望能被上天實現願望的心態來修持，而不思進取，也只是徒勞祈願！

超越愛與慈悲的至高力量

這裡要跟大家分享一個更有力量、可以改變我們命運的方法，在我們所處的三維世界中，大家公認最大的力量是愛，四維世界最大的力量是慈悲，而超越這些最大的力量就是願力。所以佛教中常常教導信眾發成佛的大願、發渡化眾生無有窮盡的大願，也許有些讀者不懂這箇中道理，我就來舉幾個例子吧。例如世界首富馬斯克，他想讓地球減少燃油汽車的污染，所以推廣電動車，更為了人類永續發展，啟動火星探勘計畫；馬雲為了讓東西方貨品不被惡意哄抬，大家都有生意做，創立阿里巴巴；地藏王菩薩發願地獄不空誓不成佛，所以祂是修行之極位的等覺菩薩，有不可思議的力量。這些人都是以「利他」的角度發願，受惠者不只有自己，更涵蓋了多人甚至眾人，往往也帶來巨大的財富或是其他意想不到的能量。所以我們在人生遇到困惑時，可以跟神明、上天或諸佛菩薩祈願，但就像跟別人提出幫忙或借錢一樣，我們需要付出代價或承諾，跟神明祈願也必須有所付出，但我們要付出的不是生命、不是家人，也不是燒紙錢這種沒有意義的舉動，而是要付出你對這個社會、對這個世界的貢獻。當你自發自願地去幫助眾生，上天難道看不到嗎？難道祂不會幫你嗎？隨之而來，你所面臨的問題自然都有無形的力量幫你解決。也許聽起來太過於神奇，但事實就是如此，如果我們只為自己著想，那你只能養活自己；如果你的心只為了一個小家庭，那你所賺取的就是這個小家庭所需要的開支；如果你的心是為了一間公司，那你就是一位老闆；如果你的心是為了眾多員工的大企業，你就是個企業家。所以再次跟讀者分享，發願是我們必須要學會的，但不是要你發虛無縹緲的願，而是要能落實執行的願，而且你要有步驟去完成並實踐它。這是在進入「象棋卜卦」之前要跟人家所分享最重要的一環，也祈願看到這裡的讀者，未來都能發大願，於生活當中去一一實踐，廣渡有情眾生。

般若波羅蜜多心經

第四章

卜卦的正確心態，締結心靈契約

不要為模糊不清的未來感到恐懼，
只要為清清楚楚的當下努力
我相信祢的指引，
只因我們有個美好的契約！

第四章
卜卦的正確心態，締結心靈契約

讀到這裡想必大家對佛法都有了一些基本的了解，落實在生活中雖然有點困難，但對於一個想改變命運的人來說肯定是可以克服的。接下來我們將進入正題，談談卜卦時應該有的幾種正確心態：

一、清澈之心，無所求反而能看見心的真象

卜卦時，如果是抱持預期的心態來問事，會因為有些人的意念較強，出現干擾卦象的現象。切勿用挑戰的心態問一些已知答案的問題，或是用質疑的心態來問卜，如果以這樣的心態，不管什麼事都不會準。只有我們不期待看到什麼卦象，靜心接受卦象呈現的結果，我們渴望知道答案的意圖，就能透過工具更精準地連結心念並由護法神呈現出來。

二、卦象的啟示，是我心鏡的指南針

卦象只是讓我們知道心（如來藏）裡有些什麼，或是

護法神想要告訴我們什麼事情，對於卜出不好的狀態，也別太介意。卦象只是反映我們的心念或當下的狀態，好讓我們知道自己有什麼狀況，我們可以透過前一章改運的方法來改變現況，此外，也能將愉悅的心情導進心中，如此一來，我們需要的貴人、機緣也有極大的可能性會出現在我們的現實生活中。

三、依賴並非卜卦初衷，須以內在智慧為主

即使卜出好卦，也不代表就此順風順水，可以放手不管，我們該注意的地方還是要注意，做好品質管控。就好比我在賣某一類商品，想問是否有機會成交指定客戶，若我卜出個好卦，我也不能就此鬆懈，在客戶的應對上還是得要知道怎麼介紹這項商品，不然我也沒有辦法讓這位客戶明白並滿意我的商品，進而與我成交。

要問投資某個項目在一定時間內是否能賺錢，若卜得好卦，也不可以借貸超出自己能力範圍的金額、開過大的槓桿，仍然要注意風險的控管。

我們一生會做出很多事，不論好事、壞事或蠢事，絕不能讓自己白走這一趟，所以盡可能去努力、去拚搏，不要留下遺憾。卜卦結果不是我們聽天由命、消極處事的藉口，即使經歷失敗，但透過提高維度或用第三者的角度來

檢視整件事，從卜卦中看見心中的過失，經由後天的調整與激勵進而改變運勢，這何嘗不是另一種成功體驗呢？

四、學習透過上帝視角，解讀內心每一卦象

有些比較特別的卦象告訴我們，有時候守護神給的建議，短期來看，好像是個不太好的結果，但從長遠來看，就會發現祂有著更深遠而善意的安排。

例如要問是否合適去做這件工作，卦象呈現的是收穫大於付出、值得去做，所以你去做了，結果短時間沒有賺到什麼錢，但是過了幾年後回頭來看才發現，當初在那個工作中結識到的人脈、朋友與培養出的能力，造就了卦主（問卦之人）今天的成就。

守護神一直在引導我們，所以在解卦時，儘可能站在祂的角度去參透祂給我們的卦象，你也能慢慢跟你的護法神，包括你的真心建立連結。一旦連結建立，你在解卦時就會有屬於自己視角的精準度，甚至會出現一些不可思議的直覺。例如有些卦象它明明呈現出某種狀態，但你就是忽然間浮現出另一種感覺（也可能是守護神給你的一個念頭，不是語言或文字，但你就是能知道其中的意涵），用高維度的方式解讀，結果這樣的解讀反而更符合卦主的心念。

所以，當我們在替他人解卦時，就可以把自己想像成是對方的「護法神」，以守護對方利益的心念為出發點，不讓自我的目的誤導結果。解卦的善巧其實很重要，倘若我們學會了這套工具，想幫身邊親朋好友處理疑惑，或是想把象棋卜卦當成一份事業，除了得精進自身的解卦能力外，同時也需要培養利他及守護的心，否則解卦時容易帶給人恐懼、害怕，甚至在別人心中烙下印記（無畏布施旨在解除眾生的恐懼、害怕）。然而我們也不能只給予正面的解釋，讓人過於樂觀，而疏於講解護法神所要提醒的部分。

五、卦象要與現實人事物做詳細比對

如果在問與人合作事業或相處方面的問題時，試著將卦象與合作對象的性格、為人、處事作風、品行等做比對，詳細評估後你會發現一切都有脈絡可循。簡言之，卦象就是結果，把結果往前推演，你會發現很多端倪。學習以上帝的視角來看事情，慢慢地你將會與眾不同，成為一個善解人意的解掛師。

當我在幫別人解命盤時，我都會事先跟對方說：「待會若是講到哪裡不如你意的地方，你要記得，這是護法神要如實呈現給你的建議及方向而已。」希望大家在看完前述淺談的佛法之後，再結合卜卦的心態，可以更加理解卜卦的意義，如此一來不僅可以幫助我們自己，也能幫助身邊的人。

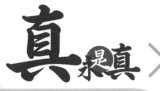

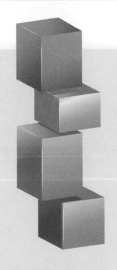

般若波羅蜜多心經

第五章

生命之棋的屬性
與其代表的含意

為什麼要這麼積極？

因為人只能活一次。

人生就如一場棋局，看穿心的奧義，

隨意怎樣用它，哪有不贏的道理！

第五章
生命之棋的屬性與其代表的含意

針對問事的棋陣擺法

本章開始要帶大家了解如何用象棋來卜卦。象棋卜卦可以用來問單一事情，首先我們要先提問一個問題，然後依序挑出五支象棋，把第一支放中間，第二支放左邊，第三支放右邊，第四支放上面，第五支放下面，其他四支棋圍繞著第一支棋擺放，擺放順序與形式如圖 1 所示，這樣就成為了一個局。

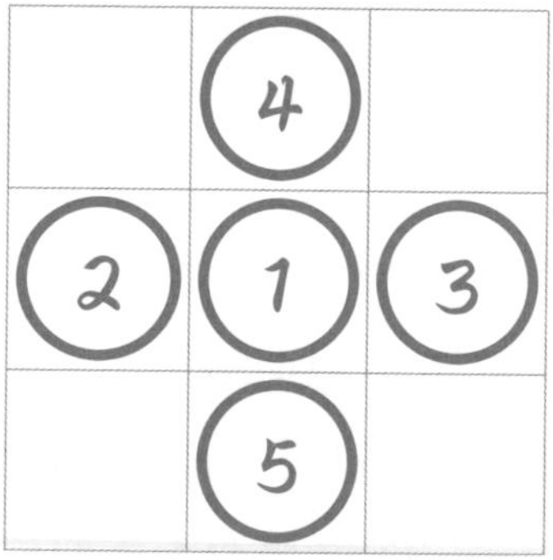

圖 1　棋陣擺放順序示意圖

中間第一支代表我們自己，象棋分為紅黑兩組，與第一支同顏色的棋子就代表我們本身的特質，另一種顏色的棋子就代表外在環境或詢問對象。

針對命盤的棋陣擺法

象棋的命盤不需要出生年月日，由於必須由卦主自己親手一支一支把棋子挑出，並依序擺放，所以卦象極具參考價值，也因為是自己親手拿出來的，這跟量子糾纏的原理很像，當你親手攪動棋子或牌卡時，你心的能量就已經反映在上面了。

要注意的是，這裡排的是一人一生的命盤，象棋卜卦的規則中是不能反覆抓取，一生只能抓一次，所以要記得拍照保存下來（排法順序如圖 2）。

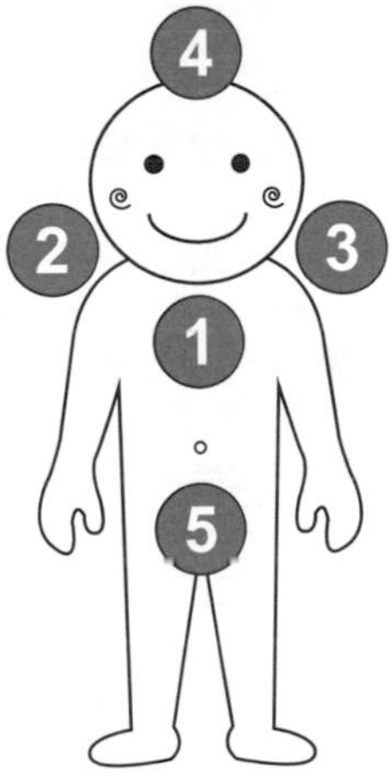

若要將結果記錄下來，命盤記錄單如圖 3 所示。

圖 2 為命格總格，第①支到第⑤支為第一局，此為命盤的總格，代表我們這一生的角色特質、生命狀態的主結構，也可以從總格裡看到與我們親近之人的互動關係。

這裡有一個幫助大家記憶的要

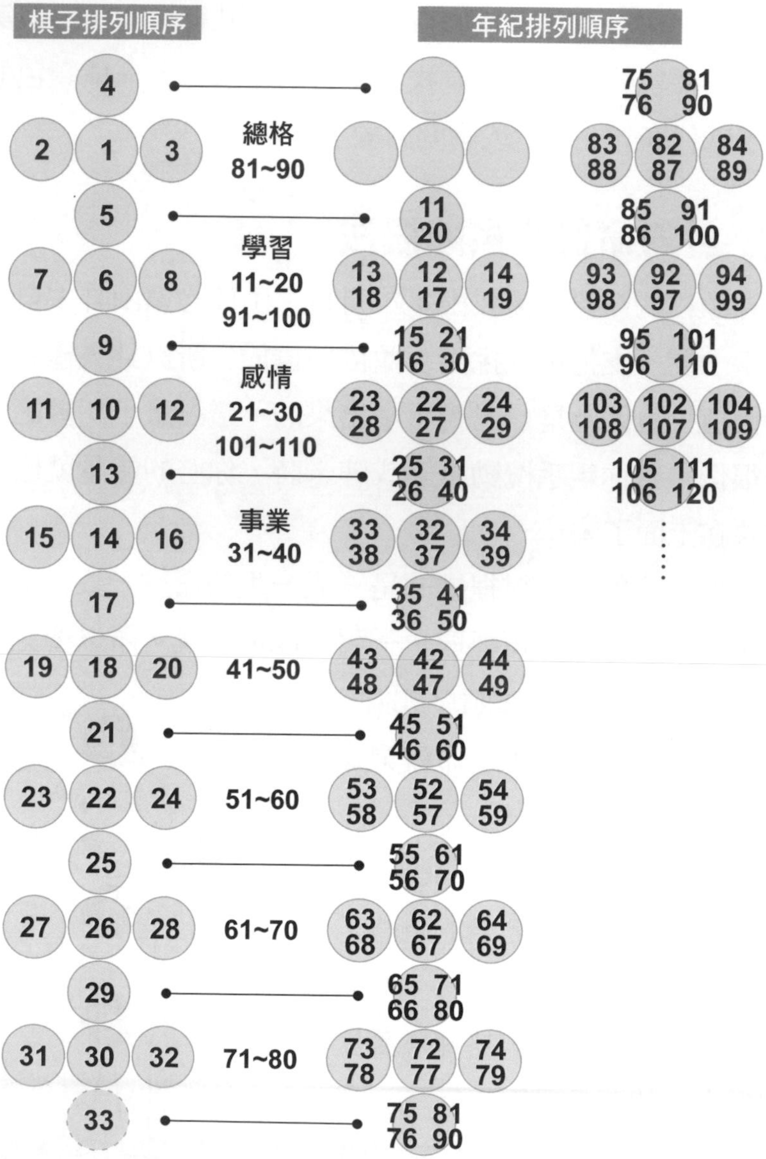

圖 2　命盤棋陣擺法示意圖

訣，五支棋子如同一個「面對我們的人」，男左女右，男性在「我們的」左方（我們看到的右③）、女性在「我們的」右方（我們看到的左②）、上方為長輩（我們看到的上④），下方則是晚輩（我們看到的下⑤）。

長輩與晚輩的定義，除了親屬輩份關係之外，年齡差距 10 歲以上的親友也將區分為長輩或晚輩。

若卦主是女性，②的位置代表兄弟姊妹或平輩的女性友人，③的位置代表先生或是平輩的男性友人，④的位置代表長輩或上司，⑤的位置則代表晚輩或下屬。若卦主是男性，②的位置代表太太或平輩的女性友人，③的位置代表兄弟姊妹或平輩的男性友人，④的位置代表長輩或上司，⑤的位置代表晚輩或是下屬。第 5 支到第 9 支為學習格，代表我們學習時的狀態，也是我們 11 ～ 20 歲求學時期的運勢。

第 9 支到第 13 支代表感情格，包含親情、友情、愛情的狀態，也是 21 ～ 30 歲的運勢。

第 13 支到第 17 支代表事業格，包含工作、事業、志業的狀態，也是 31 ～ 40 歲的運勢。

第 17 支到第 21 支為 41 ～ 50 歲的運勢，第 21 支到第 25 支為 51 ～ 60 歲的運勢；第 25 支到第 29 支為 61 ～ 70 歲的運勢。最後一局只有四支，所以要把最上方第 4 支

象棋命數

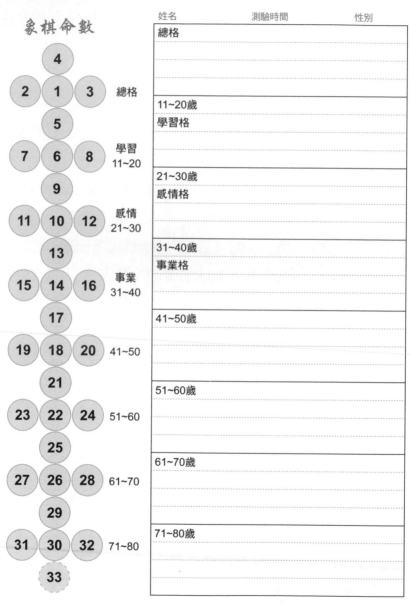

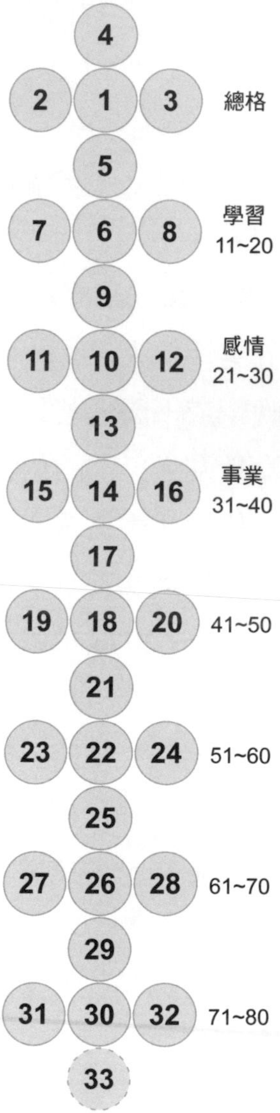

姓名　測驗時間　性別

總格

11~20歲
學習格

21~30歲
感情格

31~40歲
事業格

41~50歲

51~60歲

61~70歲

71~80歲

圖 3　命盤紀錄卡

棋擺到這局的最下方第33的位置，代表71～80歲的運勢。

81歲之後的運勢則又從原本命盤第一局開始（亦即第一局為一個人的命盤總格，也代表81～90歲的十年運勢），以下類推。詳細命盤解說，請參閱第九章。

卦象中的相生相剋及其原理

棋子擺放的順序中，中間①的位置代表卦主自己，與①同色之棋代表自己的其他屬性，同色之間不互吃。與①不同色之棋代表外境的狀態，依以下規則來判斷棋子是吃了對方還是被吃，這裡的吃就跟下象棋一樣，看能不能吃掉對方，能吃表示收穫，被吃表示付出。

規則說明

象棋共32個，分紅黑兩色，每色各16支棋子，分別為：

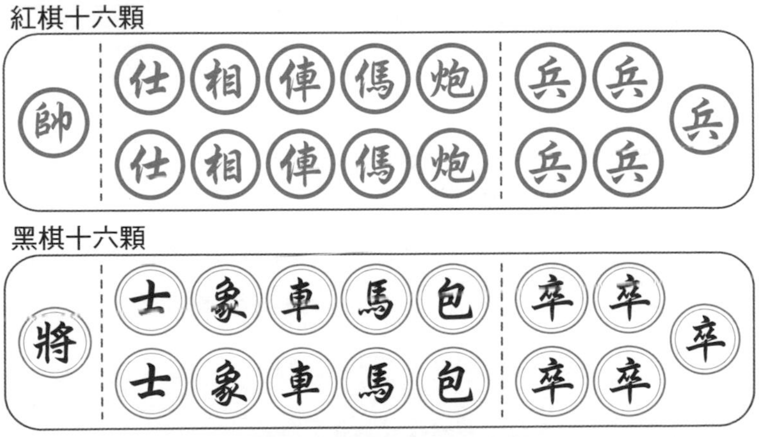

圖4　象棋分類示意圖

棋子有大小之分，基本上小不能吃大（例如紅相不能吃士跟將、黑士不能吃帥），但能吃掉對方比它們小或和它們對等的棋。卜卦中帥（將）不能吃卒（兵），雖然在象棋的遊戲裡兵（卒）可以吃將（帥），但在解卦時，兵（卒）與將（帥）互為依存的關係，所以不會被吃。俥、傌、炮（車、馬、包）只要符合走法，任何棋子都可以吃。車（俥）除了上下左右，還能隔空格吃（命盤中，隔空格＝②或③的位置，且只能往上局吃，不能往下局吃）。傌（馬）只能走斜角，只要斜角上有不同色的棋子，什麼棋子都能吃。炮（包）飛山，只要中間隔著一支棋子，也是什麼棋子都能吃。

兵（卒）只能往前或左右移動，不能往後走，只要符合走法，什麼棋子也都可以吃，但帥（將）除外。

棋子屬性分類與含意

象棋用在卜卦中，會對應到兩種系統，一是「陰陽五行」，一是「天、地、人格」。

紅棋偏文（也比較適合女性），特質比較不明顯（即不彰顯於外），屬陽；黑棋偏武，特質明顯，屬陰。但這不代表抽到紅棋就比較好，抽到黑棋就比較差。

各位要了解一個道理，想要學好一件事，就不要用死背的，用理解的方式會更容易吸收與消化。就拿五行的相互屬性來說，五行包含木、火、土、金、水這五種屬性。因為木頭會燃燒，所以木會生火；火燃燒之後產生灰燼，化為土壤，所以火生土；大自然中土能煉製成金屬，所以土生金；金加熱會熔成液體，所以金生水；水可以灌溉樹木，所以水生木，這便是五行相生的道理。

五行除了相生，也會相剋，相剋一樣能用理解的。樹木會長根，根往地下長吸收土壤養分，所以木會剋土；土可以把水給圍堵起來，有句諺語：「兵來將擋、水來土掩」，所以土能剋水；水能把火給澆熄，所以水剋火（也有一說水火相濟，即水火平衡時能產生最大的力量，但在此不作此論）；高溫火會將金屬熔化，所以火剋金；金屬斧頭可以把樹木砍斷，所以金剋木。

臟腑是中醫對內臟的總稱，分為五臟六腑，五臟指的是心、肝、脾、肺、腎，六腑則是指膽、小腸、胃、大腸、膀胱、三焦。結合陰陽五行與臟象學說，五臟六腑又有表裡對立、生化剋制的作用。臟與腑分別對應裡與表，且有五行之分，屬木的器官包含「肝、膽、筋、目」，肝是實心的臟、屬陰，膽是空心的腑、屬陽，兩者互為表裡。

中醫問診講求望、聞、問、切，從外觀就能大底判定身體哪個部位有潛在毛病，就好比我們看到一個人的眼睛眼白部分黃黃的，便會聯想到可能他的肝功能不好，其實也是因為這兩個部位是受同一個系統的影響。

屬火的器官包含「心臟、小腸、血脈跟舌頭」，因為心臟需要小腸的養分來支撐，所以心與小腸互為表裡，實心的心屬陰，空心的小腸屬陽。

屬土的器官包含「脾、胃、肌肉、嘴巴部位」，脾與胃互為表裡，實心的脾屬陰，空心的胃屬陽。

屬金的器官包含「肺、大腸、皮膚」，肺與大腸互為表裡，一個人如果容易便祕，可以看出他水分不足、皮膚也比較乾燥，實心的肺屬陰，空心的大腸屬陽。

屬水的器官包含「腎臟、膀胱、骨頭、耳、婦科、攝護腺」，腎與膀胱互為表裡，實心的腎屬陰，空心的膀胱屬陽。

除了五臟六腑，中醫也把人的情緒與五行進行對應。中醫有個說法，看一個人的健康狀態就知道一個人的個性，反之，看一個人的個性就知道他的健康哪裡會出問題。中醫認為：「喜傷心、怒傷肝、恐傷腎、憂傷肺、思傷脾」，這 15 個字建議大家把它背下來。

這 15 個字也有因果關係，這世間大至須彌（佛教的宇宙觀，指世界的中心），小如芥子，甚至科學所謂的能量波抑或量子糾纏，全都有因果關係。提高維度來看，其實就是你思慮太多造成脾胃消化不良，也是因為你的「如來藏」中種子的流注現行，同時示現了你脾胃不好。

在解卦時，由於有相生相剋、交互影響的關係，我們可以解讀為是守護神（上帝視角）在提點我們治療的方向（或屬性特質，後面會有詳細解說），而不是疾病直接的因果。

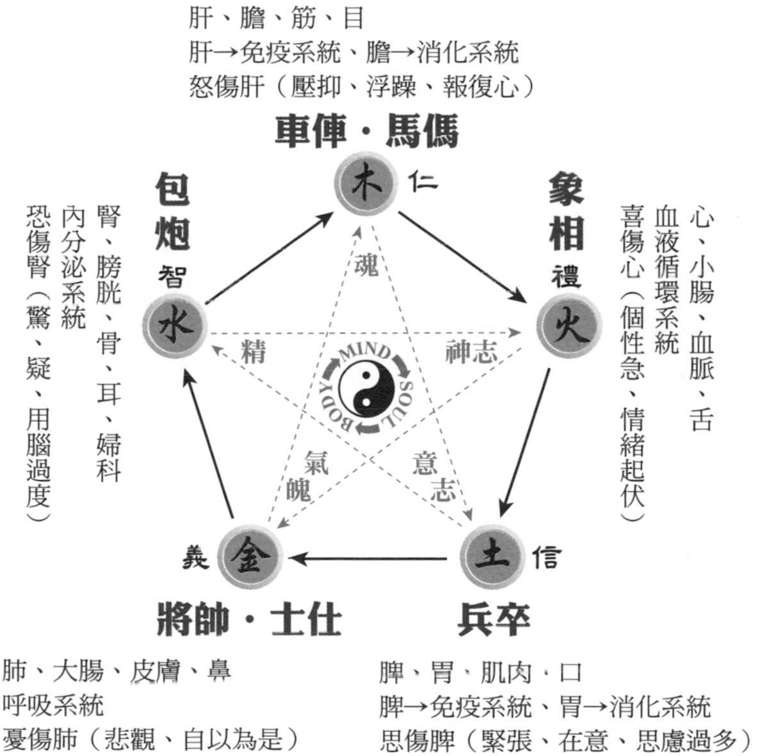

圖 5　棋子與五行的關係

下表為結合陰陽五行，將棋子依屬性劃分為天格、地格或人格，以及各個棋子的位階與所代表的分數。

	天格	人格	地格
上格	帥、將 80 分、屬金	俥、車 30 分、屬木	兵 10 分、屬土
中格	仕、士 60 分、屬金	傌、馬 20 分、屬木	—
下格	相、象 40 分、屬火	炮、包 15 分、屬水	卒 10 分、屬土

帥、仕、相、將、士、象屬「天格」，這六支棋子都是古代朝廷的王公貴族。地位最高的帥、將為上格，仕、士次之為中格，相、象為下格。

天格總覽——帥、仕、相、將、士、象

帥、仕、將、士屬金，重義氣，憂傷肺（憂慮、自以為是）。帥（將）就像一國元首、軍隊的元帥，是天格的上格，卦象分數為 80 分，仕（士）是一人之下、萬人之上，天格的中格，60 分。

相（象）屬火，重禮節，喜傷心（火的特性活潑，個性急、情緒起伏比較大）。他們是天格的下格，在天格中最接近人，如果命格帶象（相），也代表跟神佛修行有緣分，是神明的左右手，因為修行有福報的關係也比較幸運，

所以象（相）相對會比較不積極，分數為 40 分。

帥（將）之棋的含意

人格特質：領袖、掌權者、喜歡獨攬大權、講話有影響力、重義氣，容易因自己的喜好而過於執著或自以為是，容易有憂慮甚至自責的傾向。

在象棋遊戲的規則中，兵、卒可以吃（即剋制）將、帥，但是在卦象中，將／兵、帥／卒是相輔相成之關係，將、帥無兵、卒則不成局，所以兵、卒不會吃將、帥，將、帥也不會吃兵、卒。兩者為互利關係，在世間就如同老闆跟員工，將、帥是兵、卒智慧上的貴人，兵、卒是將、帥的得力助手。

如果將可以看到兵、帥可以看到卒，在卦象上屬於明君格，如果互看不到（看得到的定義是指彼此相鄰，上下、左右或斜角都算，隔一子就算看不到），則為暴君，處理事情時容易不明理，陷於偏執，情緒起伏大而做錯決定，穩定度比較不那麼高。

帥（將）喜見於命盤上的中年運，如果出現在年輕時的運勢，易有意氣過盛的問題。

黑將較適合男性，（傳統上）不適合女性，因為以前有「男主外、女主內」的觀念，普遍認為女生適合待在家裡、比較柔性，應當柔弱似水，太強勢並不好，太強勢容易造成家庭不和。但現在有越來越多女性在外打拚事業，因此如果卜到將（帥），代表在事業上會有比較大的成就，但相對的在感情上就比較容易因強勢、想要掌控而易與另一半產生衝突。

健康狀態：頭部的代表，大腦的中樞、思想、發令、神經系統的傳導、氣血的運行。

假設一個人的命盤總格裡，將（帥）出現在頭部④，且為暴動格的話（沒有見到兵），代表此人常常會有頭痛的問題。如果將（帥）暴動格是出現在中間身體①的部分，這個人軀幹經常會不舒服，因為氣血循環有問題。如果暴動的將（帥）是出現在下半身⑤的話，顯示下肢常常不舒服，包括婦科或泌尿系統可能也會比較弱。如果是出現在右邊③，代表右半身氣血循環不好；如果是出現在左邊②，代表左半身氣血循環不佳。

仕（士）之棋的含意

人格特質：擁有權力與名聲、智慧、仁慈、口才特別好、重義氣，因自己所認為的道理而容易自以為是、容易憂慮。

健康狀態：肺、大腸、呼吸系統（黑士屬陰偏肺、紅仕屬陽偏大腸）。

卦象中，外在的仕（士）吃我們的棋，或我們自己的仕（士）被吃的情況下，則代表容易有官司或合約糾紛的問題。

相（象）之棋的含意

人格特質：為將（帥）的護衛，但較士（仕）溫和，就像文官的內政部長或宰相，代表官印、帶權、重禮節，與士（仕）一樣足智多謀。有時比較被動，喜歡坐而言勝過於起而行，就如大象走路步伐緩慢穩健，但一旦生起氣來，跑起來也會很快。

健康狀態：心臟、氣血的循環、小腸。黑象屬陰偏心臟，紅相屬陽偏小腸。

天格記憶要訣

❋ 帥、仕、將、士都待在「金」碧輝煌的王宮裡，「憂」國「憂」民。他們都是帶領眾人的領袖，如果不「重義氣」，誰會跟隨他們呢？

❋ 王者可以對其他國家宣戰，所以帥（將）80分。古代士大夫要上知天文、下知地理，天干地支60甲子都要精通，所以仕（士）60分。

✻大象四支腳（40分）。大象也是佛教普賢菩薩坐騎，所以「重禮節與仁義」，屬火。大象體積大、動作慢，情緒起伏大。

人格總覽——俥、傌、炮、車、馬、包

俥、傌、炮、車、馬、包屬「人格」，這六支棋子在古代都是軍隊的交通工具與兵器，在卜卦含意中為管理階層。地位最高的俥（車）為上格，傌（馬）次之為中格，炮（包）為下格。俥、傌、車、馬屬木，重仁，有不忍人之心，怒傷肝（壓抑、浮躁、報復心）。車（俥）是人格的上格，代表一個團體的領導、理事長，卦象分數為30分。馬（傌）是人格的中格，遊走在人群之間．比較好管閒事，分數為20分。

炮（包）屬水，重智，恐傷腎（驚、疑、用腦過度）。是人格的下格，會很想要飛，想要鯉魚飛躍龍門、脫胎換骨，小聰明特別多，不喜歡愚笨的人。炮（包）也代表美貌（出美女或帥哥）。

俥（車）之棋的含意

人格特質：人上人，喜歡管人（當領導本就需要管

人），有許多做人做事的道理。個性較衝且直，不願受約束、眼光高、不易滿足，心很軟，但也容易壓抑，缺點是容易有忌妒報復心。

紅俥表現在外較溫和，黑車則較衝，與其相處記得要善用智慧，不可以硬碰硬（吃軟不吃硬的類型）。如果一個人的總格有車（俥），與之相處互動的時候姿態要放柔軟一點，不要跟他對罵，因為他的反彈會很大。

健康狀態：肝、膽、免疫系統。黑車屬陰偏肝，紅俥屬陽偏膽。

傌（馬）之棋的含意

人格特質：人中人的格局，遊走於人群之間，心地柔軟且好管閒事（有點像管家婆），處事剛柔並濟，但心中也容易壓抑鬱悶、具有報復心，口才善辯、依場合與對象不同而言語有別、舉止適中。跟同屬木的車（俥）比起來，車（俥）講話較衝，而馬（傌）講話就比較柔軟。

如果馬、傌、包、炮出現在中間①，表示馬不停蹄、勞碌命、會想有所作為；馬走四方，八面威風。在象棋卜卦中，馬走斜（只能吃斜角位置的對方棋子），若排列在中間，表示難以發揮，有志難伸。

紅傌：能內外兼顧，卦主如為女性表示賢妻、職場高手、好媽媽。黑馬：在家時間少、外出時間多，奔馳人海中不容易安居一處。

健康狀態：關節、筋絡。因為馬（傌）跑來跑去，所以跟關節、筋絡有關。

若外在的傌（馬）吃到我們的棋，代表容易有卡到陰（心神不寧）、犯小人（得罪別人）、做錯決定而損失等問題。

炮（包）之棋的含意

人格特質：人格的下格，人緣佳、小桃花、聰明、美麗或帥氣，但易恐懼、用腦過多。如果一個人的包（炮）受威脅的話，代表內在常會擔憂或恐懼。如果是黑包卦主，會有想要突破改變的張力，內在有時有恐懼、擔憂的問題，比紅炮卦主更加明顯。

總格中如果自己陣營有包（炮）的話，基本上都長得不錯。如果總格或感情格上有對方陣營的包（炮）的話，代表交往的對象大多長得很好看。

健康狀態：代表水的流暢度，腎臟、膀胱、婦科、內分泌系統。黑包屬陰偏腎臟，紅炮屬陽偏膀胱。

若外在包（炮）吃到我們的棋，情況與傌（馬）相同，代表容易有卡到陰（心神不寧）、犯小人（得罪別人）、做錯決定而損失的情況。

人格記憶要訣

✻ 車與馬的轠繩都繫在「木」樁上，故屬木；三菱（30分）汽車；古代馬車通常都是兩匹馬一起拉（20分）。

✻ 車與馬都是由人控制（仁），所以會比較關心其他人的需求，心軟。但是在控制之下難免會「壓抑、浮躁」；車與馬被蹬打管教也容易「記恨、有報復心」。

✻ 炮與包，被水上的煙火（炮、美麗、屬水）打到，受驚嚇，要打電話叫救護車～咿喔咿喔（15分）。

地格總覽——兵、卒

兵、卒屬「地格」，在象棋中各有五支，兵是地格的上格，卒是地格的下格。兵（卒）屬土，重信，思傷脾（緊張、在意、思緒過多）。

兵、卒在地格，表示為人務實、腳踏實地、一步一腳印、勇敢前進、只進不退（走法只能左右移動或前進，不能後退），團結力量大。兵屬地格的上格，兵的腳踏實地是很有精神的，卒屬地格的下格，卒的腳踏實地就不像兵那樣積極。卦象分數為 10 分。

兵（卒）之棋的含意

人格特質：務實，對事專注在意、謹慎考量、重信用。兵（卒）屬現金財庫，若命盤總格缺兵（卒），今生錢財比較留不住，又因兵（卒）屬落地的踏實感，若命盤總格缺兵（卒），表示缺乏踏實感。

健康狀態：脾、胃、消化系統。黑卒屬陰偏脾，紅兵屬陽偏胃。

地格記憶要訣

＊沙場上（屬土）的兵卒，他們沒有交通工具，只能一步一腳印（務實）前進。打仗只接受將領的命令，所以重信用，也因為地位最小，隨時有生命危險，所以容易緊張、在意、想太多。兵卒加起來共有 10 支（10 分）。

一般來說，天、地、人格的狀態只在解命盤總格或單卦問事時才需要用到：缺天，天助較少；缺人，人助較少，人際關係與人和需用心，跟人比較不親；缺地，缺乏踏實感，留不住現金。可透過世間法的知識將錢財鎖住以補足缺乏的部分。

除了總格，棋子若出現在學習格（學習狀態）、感情格（感情人際）與事業格（工作事業）上，各自又代表什麼含意，這裡幫大家彙整如下表：

學習狀態（學習格）

將／帥	學習能力不錯，但在學習時總是聽從自己大腦的聲音，常會以過去學過的經驗來評判老師所講的內容，只選擇自己想聽的。缺點是沒有辦法完整地吸收老師的東西，優點是可以把它整理後變成自己的東西。
士／仕	帶文昌，學習能力強，學歷高，擅長讀書考試且易考取證照。缺點是在學習時常以過去的已知評判老師所講的，優點是可以經過整理後變成自己的東西。
象／相	學習能力也挺好的，但在學習上比較被動、不積極。
車／俥	在學習上很積極主動、學習能力強，但也會帶上自己主觀的想法去學習。
馬／傌	對學習很有興趣，如果馬（傌）的位置是在卦象的中間①，因為馬走斜（只能吃斜角之棋），所以學習與學以致用的能力會不好，會有有志難伸的困境，但如果是在四周可以吃到不同色的棋子，則代表可以透過一些善巧在學習上有所收穫。

包／炮	很有學習欲望，如果包（炮）在卦象的中間①，因為炮隔山而飛（中間要隔著一支棋子才能吃對方的棋），飛不出去、不能吃到不同色的棋子，代表學習與學以致用的能力會不好。但如果可以吃到，則代表可透過善巧而有學習上的收穫。
兵／卒	踏實學習，一步一腳印，有效地吸收老師或書本所教的內容。
整體而言，學習狀態是否能有所得、學以致用，仍須搭配五支棋子的相互關係與收穫付出而論。	

感情人際（感情格）

將／帥	對人際情感會有許多執著，有很多做人做事的道理與要求，會期待別人變成自己想要的樣子，有掌控欲。
士／仕	❶ 對人際情感、做人做事的道理會有許多自以為是的認知，期待別人變成自己想要的樣子（但沒有將、帥那樣強烈的掌控欲），有時會比較難以親近。感情格若有一對士仕＝佳，位於上下最佳（上黑下紅或上紅下黑都可以），列在左右表示較有想法、口角稍多。 ❷ 士仕：靈魂伴侶。

象／相	❶ 對人際與情感較為被動消極，在面對與人的情感互動上可以很無拘無束很開心，也容易有情緒上的起伏。感情格若有一對象相，上下或左右相鄰都很不錯。因為象、相跟修行有關，你會發現兩個人相處起來，比較像同學、同修。 ❷ 象相：學習或修行的伴侶。
車／俥	❶ 會積極想與人互動，有許多主觀的做人做事道理與要求，常會期待別人變成自己想要的樣子，也會期待自己變成自己想要的樣子、容易挑自己毛病。感情格若有一對車俥，雖然感情好但各自不願受約束，個性比較直接，所以會經常鬥嘴、吵吵鬧鬧又難以分開。 ❷ 車俥：歡喜冤家。
馬／傌	❶ 對人際情感有浪漫的想法，喜歡與人互動。感情格若有一對馬傌，因其走斜角，所以斜對為佳，可以互相交流，如果馬（傌）在中間，可能無法如願得到所期待的浪漫關係。上下或左右相鄰比較適合同居，可以看得到但比較沒有內心真實的交流。隔子而居只適合談戀愛，不適合結婚。 ❷ 馬傌：情人伴侶。

<table>
<tr><td>包／炮</td><td>❶ 對人際情感有浪漫的渴望，喜歡與人互動。如果包（炮）在中間（無法吃子），表示無法如願得到所期待的浪漫關係。在感情格中，若一對包炮能隔山為佳，表示能互相交流，是正緣（結婚）、正桃花（古代並沒有一夫一妻制，所以不論是否已婚，皆代表有在一起的緣分）。
❷ 若一對包炮左右相鄰、上下相鄰或斜對，則是偏桃花，可以看得到但沒有真正的交流。
❸ 包炮：情欲伴侶。</td></tr>
<tr><td>兵／卒</td><td>❶ 情感方面比較務實、踏實，缺少浪漫激情。感情格若兵卒相見，則穩定不易變心，踏實過日子比較重要。
❷ 兵卒：老夫老妻。</td></tr>
<tr><td colspan="2">整體來說，若感情格中自己陣營沒有馬（傌）或包（炮），代表對情感會缺乏浪漫的渴望。人際關係方面，則須搭配五支棋子的相互關係與收穫付出而論。</td></tr>
</table>

工作事業（事業格）

將／帥	能力好、有影響力，較不喜歡親自操作。如果是明君，代表能把事情做得很好；如果是暴君則會有偏執的認知與想要掌控的強烈欲望，有可能因為情緒不穩做出錯誤決策而造成重大損失。

士／仕	工作能力佳，可以把事情做得好、有影響力，具有指揮與發號施令的氣勢，是主管、領導人，適合從政。對工作會有屬於自己的堅持與想法，能得貴人相助，大吉大利，事業運佳。但如果是黑士，對工作與事業的執行會多些憂慮。
象／相	雖然工作能力不錯，但行動力相對較弱、較被動，因天生好運帶來一些收穫，適合小本生意，名利雙收，也適合當公務人員。自己是象（相）或吃到對方的相（象），代表利於投資不動產。
車／俥	敢衝、敢冒險（就像車子衝得很快）、肯奮鬥，要留意大好大壞。具領導能力，一個團隊的領導本來就有屬於自己的想法，可以分工，但不適合合夥，自己經營最佳。
馬／傌	肯做、肯跑，奔波則見財，不動則停滯。對事業與工作會很渴望有所擴展，如果馬（傌）在中間，則難以得到有效擴展，所得到的結果也會跟期待有落差。若在四周可以吃到對方的棋，則代表可透過善巧、資源整合而獲利。

包／炮	會很想突破現況以及有所擴展，適合流動性與時機性的事業，靠頭腦賺錢，不適合高勞動性的工作。但若飛不出去則難以發揮、易好高騖遠，且所得到的結果也會跟自己的期待有落差。若自己的炮（包）可以吃到對方的棋子，則利於投資或因改變而帶來收穫。
兵／卒	做事務實、踏實、一步一腳印，只要有理想不投機就可致富。兵（卒）屬現金財庫，若命盤總格缺兵（卒），代表錢財比較留不住。
整體而言，工作事業方面仍須搭配五支棋子的相互關係與收穫付出而論。	

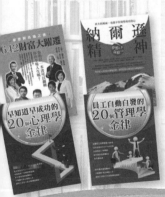

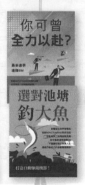

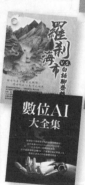

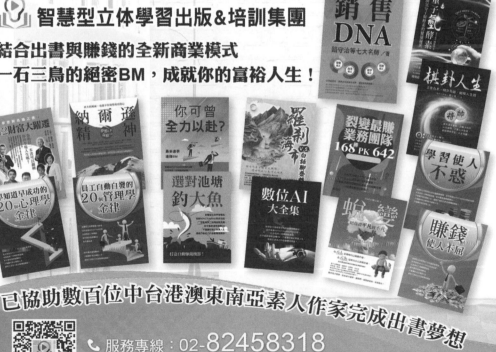

般若波羅蜜多心經

第六章

正確的卜卦方法
方能達到心靈共鳴

人在棋局不以聰明為先，而以虛心為要。

待心、待棋，別只問有沒有好處，

鎖定方向及目的才能達到心棋共鳴，

不以利益為急，要以歡喜為上！

第六章

正確的卜卦方法 方能達到心靈共鳴

本章將細說象棋卜卦的規則，首先，先將 32 支象棋棋子全部字面朝下，以暗棋的方式洗盤，洗完後再按以下規則進行問事：

問事規則一：只問單一問題

每一次卜卦只能問一個問題，比如事情的好壞、狀況或原因，只卜一個卦就好。若問的是選擇題，就需要同時卜幾個卦來做比較。

比方說，你的問題有甲和乙兩個選擇，首先先問甲選項對你好不好，這時先抽出 5 支棋子，排成一局，要再問選項乙的時候，原本的 5 支棋不用放回去，從池中再另取 5 支。如果你的選項是 3 個以內，取出的棋子都可以不用放回去；若選項超過 4 個，我建議你先問前兩個選項，然後記錄下來，把棋子蓋回去重洗之後，再接著問另外兩個選項，不然剩下的棋子數量不多，有時會無法完整呈現全部選項的訊息。

若想問完每一個選項後把用過的棋子放回去、重新取卦，也是可以的，只是三個選項之內是可以選擇不放回去。

問事規則二：所問問題必須簡單明瞭

問題盡量明確、具體，不要模稜兩可，但問法也無需過多限制，太過則會影響看見其他結果的可能性。

問事規則三：只能問與自己或直系血親有關的問題

你沒有辦法問與你兄弟姊妹有關的問題，因為他們跟你並非直系血親。但如果是有人來找你的父母談生意，則你可以幫你父母卜卦問事。

雖然非直系血親不能卜，但有些情況下可以透過「由自己利益出發的立場」來發問。例如有人找你太太做投資，你不可以這麼問：「我太太做這個投資會不會賺錢？」因為你太太不是你的直系血親，所以你不能這樣問。但你可以以你為出發點來問：「如果我投資我太太去做這個投資，對我有沒有好處，會不會賺到錢？」這樣問題就跟自己有關，也就能卜卦了。

所以問法很重要，你沒有辦法替別人問問題，但是可以透過一些方式將問題引導到跟「自己」有關，就可以得到答案。

問事規則四：有些問題需要設定時間

例如做事業，你會發現有些人做事業一開始可能賠錢，可是最後賺了很多錢；有的人可能一開始賺錢，結果最後賠錢，甚至負債。所以問事業時，我們需要設定時間，這不是投機，時間對我們卦主是很重要的參考依據。

如果你在乎的是錢，你可以這樣問：「我做這一行可不可以賺到錢？」或者你選擇做這個行業，是因為你預期今年年底之前必須賺進 200 萬，那你就可以設定實現範圍：「我投資這個產業，今年年底（以農曆年為限）之前會不會讓我賺到 200 萬？」

但是這樣問有沒有可能是一種侷限？我舉個例子，如果可口可樂來卜卦，問說它兩年內會不會賺錢，因為它第一年才賣了 25 瓶，卦象顯示不會賺錢，所以它放棄繼續賣可樂，若以結果論來看，它不繼續賣是不是虧大了？所以有時候設定的時間太短反而看不出真正的結果。在卜卦的時候需要思考一下，設不設時間對你是好還是不好，或者你問的這件事需不需要走長線，因為很多白手起家的大企業老闆也是經歷了好長一段時間的磨練才成功的。

如果是問今年（或在某個期限內）會不會有好姻緣，可以卜一個卦來看。一般來講，一個人有沒有結婚的姻緣在整個命盤上是看得到的，但是有些人不一定有排過一生的命盤，或是命盤中對於姻緣的部分沒有很清楚地呈現，因為象棋就只有 32 顆棋子，護法神有可能將棋子拿來呈現其他優先要讓你知道的狀況，其他你想知道的問題就必須另起一個卦來解答。

我有一個朋友在經營直銷產業，想要找一個合作夥伴，但一直挑不到適合的人選，所有的卦象顯示都不好，他就換個方向，設定時間並提問：這個月可不可以找得到？下個月呢？再下個月呢？直到卜到第三個月，卦象上顯示找得到，結果真的在第三個月出現了非常適合的對象。

事實上，這個朋友在第一個月就物色到一個還不錯的人選，但他想起卦象跟他說第三個月才會找到，他就再卜問一卦，問這個對象跟他合作狀態會如何，卦象呈現不好，於是他就等了三個月，卦象說的那個人真的出現，而且呈現的卦象非常好，我跟他說，這是信念及見地的問題。

問事規則五：問事須具體，需要鎖定方向及目的

問卦前你要先知道你想要的好處是什麼，是人脈還是經驗，是賺錢還是個人成長？當然護法神會知道你需要什麼。例如我做這個行業對我有沒有好處？可以卜單一卦，但有時候「有沒有好處」的可能性有很多。假設你需要的只是人脈，你做這個事業的重點不在獲利，就可以針對你

想知道的好處去問，對我的職涯規劃有沒有幫助？對人脈擴展有沒有好處？能直接帶來哪些好處？加上這些問法讓問題更具體。

如果是問：「這個合作項目對我有沒有好處？」類似這種題目，問法必須盡量精準，千萬不要問說：「我有一個朋友專門在做虛擬貨幣，我跟著他投資到底好還是不好？」這樣問有點籠統，我強烈建議不要這麼問，如果是我，我會這麼問：「今年我拿 500 萬來投資這個虛擬貨幣項目，我想知道這一年獲利會如何？」這樣問是不是就很清楚了？或者是說：「有人找我去買某一檔股票，我想知道我投資後半年內賣出將投資金額回收，會不會賺錢？」有變數就一定要設時間。

另外，若要問與某人互動有沒有好處，如果你的重點是在金錢上的收益，就可以設定時間點。例如做保險業的人需要持續開發客戶才能賺錢，不適合浪費時間在一年之內無法有直接成交收入的對象上，那你就可以問：「這一年之內，我花時間跟這個人互動，他會不會跟我買保險？」如果卦象卜出來是會，就可以花時間跟他互動，跟他談論有關壽險、醫療險或儲蓄險等話題。

但如果是問與人相處的緣分，就不是要看得到什麼好處，而是看互動的狀態。假設卦象是說付出大於收穫，極有可能只有你單方面的付出，但解卦時不能說那是不好的，因為人與人之間的往來不是以投資報酬率來計算的，你有可能是個喜歡付出、從付出可以得到快樂的人，所以針對相處的緣分，通常解卦的時候就會考慮你跟對方互動的「狀態」，而不能說因為「付出要大於收穫」，就不再跟這個人互動了。所以解卦的人要站在卦主的立場去思考，再進行解讀，才能得出最貼近對方需求的結論！

般若波羅蜜多心經

第七章

命盤格局與棋局中所扮演的角色

無論你遇見什麼格局，都是當下的指引，

絕非偶然，祂定會教會你一些什麼，

所以我也相信：無論我走到哪個格局，

那都是我該經歷的旅程，歷練一些我該歷練的事，

遇見我該遇見的人。

第七章
命盤格局與棋局中所扮演的角色

在了解了每支棋的屬性、含意與卜卦時要注意的事項後，這裡要開始介紹棋子因顏色與擺放的位置不同，形成各種相生相剋的格局，這些格局又具備哪些意思呢？一共26個格局，你的卦象上會出現哪一種格局呢？

好朋友格

棋陣裡，中間①的上下或左右若有一對同字（同位階）但不同色的棋子，比如將帥、士仕、象相、車俥、兵卒，就是好朋友格。因為馬傌和包炮有走法的問題，馬傌需要斜對，而包炮需要中間有隔一子，才算好朋友格局。卦象中有好朋友格，就不會吃別人或被吃（其餘棋子也不會有吃或被吃的情況），此局為彼此互利、相互幫忙，因此只能得到對方一半的好處（分數）。

只要有好朋友，代表你我的關係是親密的。如果是將帥，表示各自都想要掌控、不服輸；如果是士仕，雖然各有各的想法，但卻可以互相交流互通；象相就像一同走在修行的路上；車俥容易堅持各自的主見；馬傌走斜對則有浪漫溫馨的感覺；包炮隔山偏向情欲上的關係；兵卒則有老夫老妻、腳踏實地的感覺。

接下來我會配合範例並套用前面提到每顆棋子的分數，讓大家更進一步了解如何解讀卦象。需留意的是，這裡的分數僅供判定時參考，因為很多時候收穫與付出與個人感受有關，不一定能用數字來衡量。

好朋友格

這個卦裡有兵卒一對，而且左右相鄰，為好朋友格，所以彼此不互吃。俥理論上可以吃卒，但因為有好朋友，只能得到卒一半的好處（扣分：5），且卒無法後退，得不到俥的好處（得分：0），所以這個卦表示「付出大於收穫」。

假設這個卦是在問你跟某人之間的相處關係，代表你跟對方的互動關係就像老夫老妻一樣，非常穩定，很踏實，你們兩個有很深的緣分，互動的時候，你對對方很好，對方對你也不錯，只是相對之下你的付出會大過對方。

如果是問事業，你想要知道做這個事業好不好，表示這個事業很適合你。為什麼？因為兵卒一對好朋友，做起來你很得心應手，而且你在做這個事業時很務實、也很踏實，因為你是黑卒，而且是擁有士特質的黑卒（同色棋子皆為你自身的特色），代表你不止做這個事業可以一步一腳印，而且還非常積極，加上你的頭部是支象，象表示天生有好運，但最終你做這個事業你的付出還是會比收穫來得多（因為卒無法得到俥的好處）。

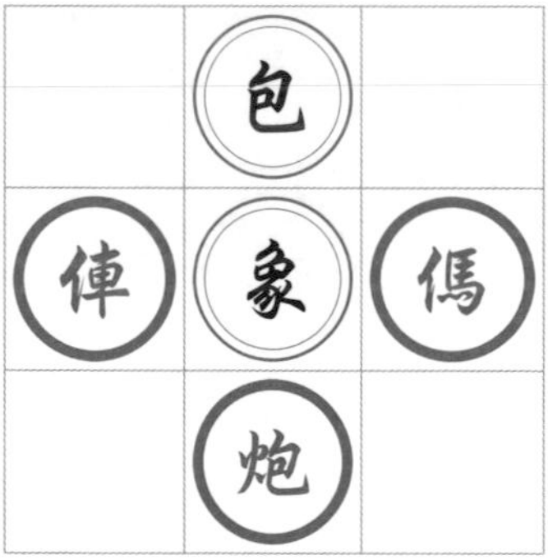

隔山好朋友格

這裡包炮中間相隔，俗稱隔山一對好朋友，出現這個格局時，不能吃別人或被別人吃，但可以得到對方一半的分數，所以象可以得到傌、炮、俥的好處（得分：10 ＋ 7.5 ＋ 15 ＝ 32.5）；但俥也能得到象一半的好處、傌也能得到包一半的好處，所以被扣分：20 ＋ 7.5 ＝ 27.5，所以整體來看，收穫還是會比付出稍微多一點。

假設這一局你要問跟這個人的緣分如何，我會這麼解讀：你跟對方是很不錯的正緣（結婚），每次看到對方就超開心，你們之間的互動是相互付出，感覺非常的親密。若以男女情感關係來論的話，是帶有情欲的感覺。

暴動格

暴動格

這個卦有馬傌斜對，是好朋友格。馬傌必須斜對才叫一對好朋友，因為馬傌走斜，他們才能夠真正的交流。但將沒有看到兵所以也有暴動格。

如果是自己陣營的暴君，代表自己容易因為情緒起伏而做錯決定；如果是外在暴動，則代表會有一些變數。

這局的外在暴動因為有好朋友，所以將還不至於把俥給吃了。但俥可以得到卒、將及馬的好處（得分：5 ＋ 40 ＋ 10 ＝ 55），而將也可以得到俥的好處（扣分：15），共計可得 40 分，故收穫大於付出。

外在暴動該怎麼解釋？假如你要開餐廳，外在暴動可能會是受到左鄰右舍或客人莫名其妙的騷擾，比如有人把汽、機車停在你的店門口，或是被鄰居投訴油煙或味道擾民等等。假設這個卦是在問與人的相處，可能平時都好好的，但對方會常常因為情緒失控為雙方合作帶來扣分。

明君格

有暴動格就有明君格，帥卒／將兵是互相依存的關係，兵卒就像皇帝身邊可以安撫皇帝情緒的公公，公公可以從皇帝身上得到很多好處，所以不會將皇帝給暗殺掉。而皇帝也需要公公的存在安撫情緒，若沒有公公的安撫就可能情緒失控成為暴君，所以將、帥也不會把兵、卒給吃掉（但其他棋子不受此限）。

好人緣格

同字不同色相鄰是好朋友，斜對則代表人緣好，比如黑紅斜對的將帥、士仕、象相、車俥、卒兵，而上下或左右相鄰的馬傌和炮包也是好人緣（主要偏異性緣）。

除此之外，男女若出現斜對的士仕，則是因需要宣洩壓力而有肉體的交流。

欣賞格

黑士紅俥或紅仕黑車表示彼此互相欣賞，不論同性或異性，也非關情感。相鄰或斜對都算欣賞格，但隔開不算。有欣賞格可以解釋雙方的互動狀態，依然可以互吃，沒有限制。如果是指男女關係，又稱特殊親密關係格。

消耗格

就是有兩支同色同字的棋出現。又分為自己消耗或別人消耗。兩支棋如果與中間同顏色，叫自己消耗；如果跟中間不同顏色，稱為別人消耗。黑棋的消耗表現在外比較明顯，紅棋的消耗表現在內，比較不明顯。

如果消耗格出現在命盤的總格，即使是別人消耗，自己也會有消耗的狀態。

士士（仕仕）的消耗屬於自以為是、憂慮；象象（相相）的消耗表示情緒起伏、脾氣比較大；車車（俥俥）的消耗表示太衝、太激進、管太多；馬馬（傌傌）的消耗是心念靜不下來、方向不定、心太軟；包包（炮炮）的消耗表示容易恐懼、投機取巧或太想改變卻不知如何改變；卒卒（兵兵）的消耗表示想太多、行動較弱、自己不想這麼做。

命盤總格或某一段十年運勢中若出現以下的消耗格，自己行動起來的機率相對比較低，例如出現「卒卒（兵兵）消耗」會因為想太多而動不起來，出現「包包（炮炮）消耗」會因為怕東怕西、恐懼擔憂而飛不出去。

不管是什麼消耗，都跟棋子原本的屬性很像，比如車（俥）做人做事的道理比較多、比較喜歡管人，所以車車（俥俥）的消耗就會是「管太多」。

外在消耗格

這一局仕仕的消耗是外在消耗，如果問跟一個人的互動關係，代表是對方的問題，對方容易固執己見，以分數而言，象吃不了仕，但包可以吃下面的仕（得分：60），兩支仕分別都可以得到象的好處，但因象有將保護，互為牽制，只能得到一半的好處（扣分：20 ＋ 20 ＝ 40），合計獲得 20 分，收穫大於付出。由於不是靠中間的象得利，代表不是靠自己努力而獲益，而是靠包的善巧得分，但此局有自己的將暴動（沒有看到兵），代表容易因自己的情緒而做錯決定，會為原本收穫大於付出的狀態扣一些分。

自己消耗格

這一局自己的象象消耗，代表做某件事或跟某個人相處，自己情緒起伏比較大，容易發脾氣。從分數來看，中間的象可以吃炮（得分：15），仕可以得到象的好處，但因為象有卒保護，所以只能得到一半的好處（扣分：20），共計負 5 分，付出大於收穫。

若「自己消耗格」出現在總格或年運上，可以解釋為「自己與相對位置的對象」的互動狀態，分別表示：

- 卒卒（兵兵）：懶得互動、不想這麼做。
- 象象（相相）：想互動、但被動且行動很慢、火氣大。
- 士士（仕仕）：想互動，但有自以為是的狀態。
- 車車（俥俥）：想互動，但容易因為觀念不同而槓起來。

- 馬馬（傌傌）：想互動，但不容易同頻，所以無法真正交流（意念靜不下來）。
- 包包（炮炮）：想互動，但容易有恐懼、擔憂。

牽制格

牽制格

在這一局中，卒卒屬於自己的消耗。如果是在玩象棋，中間的卒可以吃傌，而且傌沒有人保護，但是卒要吃這支傌，你覺得傌會乖乖待在原地等著被吃嗎？不會，因為傌可以吃我們的車。若卒改吃上面的相，相因為受到傌的保護，所以我們不能吃，因為吃了之後自己也會遭受損失，所以無法乾脆地吃，這種狀態就叫做牽制。有牽制雖然無法吃，但一樣可以得到好處。

在這種格局下，卒可以得到相和傌一半的好處（得分：20 ＋ 10 ＝ 30），而相會得到卒一半的好處（卒受車保護），但是傌可以先把我方的車吃掉（扣分：5 ＋ 30 ＝ 35），我方得到 30 分但付出 35 分，代表我跟這個人在一起互動的時候，我的收穫會比付出少。雖然 5 分差不了多少，但因為這局中又有卒卒的自我消耗，自己容易想太多，想太多在整個局裡也會扣分。

如果要問跟一個人的互動關係，你會發現你跟對方在一起互動的時候，有踏實的感覺，因為你是卒。但是你卒卒又自我消耗，所以跟對方在一起互動的時候，會很容易想太多。你也擁有車的特質，代表你本身很積極地在跟對方互動，但因為傌會吃你的車，所以你會付出多一些。

另類牽制格

上面這個卦中，雖然卒對帥沒有直接的威脅，但卒可以保護士不被帥吃，這也算是一種牽制格。

非牽制格

如果卒在上方，雖然帥不能吃卒，但卒對下沒有保護能力，所以帥可以把兩支士與象都給吃了，不構成牽制格，但帥不會吃（因為帥看見卒是明君）。

破壞格

在一對好朋友（一黑一紅）之外，又多了同樣一個字，也就是出現同字的一黑二紅或一紅二黑，由於本來是一對好朋友，所以還是不會互吃，但是多了一支，等於出現自己或別人的消耗而造成誤解，反而破壞彼此之間的關係。

可依字的屬性判斷消耗的原因，這裡再幫大家複習一次：

- 士士（仕仕）的消耗：會自以為是、憂慮。
- 象象（相相）的消耗：情緒起伏大或火氣比較大。
- 車車（俥俥）的消耗：太衝動、太激進、管太多。

- 馬馬（傌傌）的消耗：意念無法平靜下來、方向不定、心太軟。
- 包包（炮炮）的消耗：容易感到恐懼、取巧、太想改變卻不知如何著手。
- 卒卒（兵兵）消耗：想太多、行動較弱、不想這麼做。

兵卒卒破壞格

以這一局來說，有兵卒一對好朋友，不會互吃，但是多了一支卒，形成破壞格，自己會想太多。以分數來說，馬可以得到俥與兵一半的好處（得分：15 ＋ 5 ＝ 20 分），而俥可以得到卒一半的好處（扣分：5），合計得 15 分，故收穫大於付出。

兵卒兵破壞格

這一局本來有一對兵卒好朋友，但是多了一支兵，會因為對方想太多而讓彼此的關係受到影響，將可以看得到兵，為明君。以分數而言，卒沒有任何獲利，但包可以得到兵一半的好處，得 5 分。

俥車車破壞格

這一局也是一對車俥好朋友，但是多了一支車，會因為自己管太多、太衝而影響好朋友的關係。論分數的話，車可以得到炮一半的好處，得 7.5 分。

分離格

好朋友被隔開（非包炮），代表外界或對方與自己的價值觀不同，或實際情況與自己想像的不同。

若在「女性」總格出現分離格，代表在感情上比較辛苦，容易離婚（詳見離婚格）。若在命盤的十年運勢裡有分離格（無論男女），則容易出現意見不合、價值觀有落差、易起爭執，或親人往生、緣分較淺。

困擾格

有不同字的兩對好朋友，但此處的好朋友不限位置（即使兩對分離格或斜對格也算是困擾格，只是困擾的程度比較輕微）。代表會因為人事物考量或其他因素，造成選擇上的困擾，依字義區分困擾的種類。但並非有困擾格就不是好卦，好壞一樣得看有沒有收穫。

困擾格的情況就像在一間公司裡，我跟甲是好朋友，甲跟乙是好朋友，倘若我是乙的上司，我想要開除乙，我也會考慮看在甲的面子上，無法乾脆地開除乙。

困擾格代表我們在下決定時會有困擾，分別有以下情況：

- 若其中一對是將帥，代表會因為各自都想掌控而造成困擾。

- 若其中一對是士仕，代表可能會因為自以為是或名聲而困擾。
- 若其中一對是象相，代表會因為情緒起伏而困擾。
- 若其中一對是車俥，代表會因為堅持、自以為是而困擾。
- 若其中一對是馬傌或包炮，代表會因為交情而困擾。
- 若其中一對是兵卒，代表會因為錢而困擾。

仕士／兵卒困擾格

上面的卦象中，仕士是一對好朋友，雖然兵卒是斜對，嚴格來說不能算真正的好朋友，但困擾格裡好朋友是不論位置的，所以這就算是困擾格。從卦中可以看出，這裡容易出現跟名聲與金錢方面有關的困擾。

車俥／包炮困擾格

這一局有車俥一對好朋友和包炮一對好朋友，所以形成困擾格，可能會為自以為是與交情之間產生困擾。

沒那麼困擾之困擾格

這一局雖然馬傌沒有斜對，兵卒也分開，但也算是困擾格，只是困擾的狀況沒有那麼嚴重。只要出現困擾格，就代表你在做一件事情的時候，相比沒有困擾格的卦象，多了一個困擾的狀態。所以如果你要問事業，卜出來的卦象是困擾格的話，你可以在還沒有開始做這件事情之前，先把事情的前因後果給釐清，那你做這件事情時就不會產生困擾。

通吃格／被通吃格

通吃有兩種，一種叫被通吃格，被通吃格就是自己在沒有任何保護之下被吃。另外一種叫通吃格，就是別人沒有任何保護，我們可以通吃對方。

通吃別人的通吃格，自己有絕對的掌控權，但是如果不留後路給別人，最後會全輸。也代表一開始會有很大的拓展，但最後容易歸零只剩過程的經驗。如果是被別人通吃的被通吃格，則代表自己完全沒有掌控權。

通吃格

這一局的卒可以把相、仕、炮都給吃了，因為它們都沒有保護，為通吃格。反觀卒這邊，因為受到車的保護，所以相與仕不敢吃卒，只能得到卒的好處，那炮呢？炮也不會吃卒，因為炮需要飛山。如果把右邊的紅炮換成紅傌，紅傌就會保護相而形成制衡的格局。

這個局我們是黑卒，可以把別人都吃掉，這就叫做通吃別人。假設是問做一件事的狀態，表示一開始會有非常棒的過程與絕對的優勢，而且可以賺不少錢，但最後這些都會歸零。這會是什麼樣的情況？比如有家早餐店，豆漿賣 30 元，漢堡賣 50 元，我在對面也開了一家同樣的中式早餐店，我的米漿和總匯比對家好吃，而且都只賣 30 元，因為便宜好吃，所以我可以把對方所有的顧客通通吸收下來。我為了自己生意好就讓對方生存不下去，可能就會受到對方的報復，或許就放蟑螂、老鼠把我的店給弄髒弄臭，最後被檢舉讓我血本無歸，這就是通吃對方為什麼會歸零的原因，就是因為沒有給對方留生路。

被通吃格

上面這張圖，仕可以吃馬，因為馬沒有人保護，上面的卒不會後退，保護不了馬，而象比仕小，所以象也保護不了馬。仕也可以把卒和象吃掉。但是紅兵就沒辦法吃黑馬，因為黑象會保護黑馬。但對紅仕而言，它可以把我們全部吃掉，所以這局叫做被通吃格。

像這種被通吃格，是自己完全得不到對方的任何好處，處於被動、沒有控制權的狀態。如果今天要問開一家公司好不好，卜出這個卦象來的話，那代表我們從頭到尾都賠錢，不會賺錢，所以開公司這件事情就不要做了！

但是如果真的很想做，也不是不行，若你可以接受被通吃，接受做這件事注定不會賺錢、還會賠錢，但是因為你有願景，或你就是想做，你當然還是可以去做。你可以在事前就先仔細評估，或是在你想做的時候轉個彎再重新起卦就可以了。就像你有一塊良木，你可不可以把它做成家具？當然可以，如果你可以把這塊良木打造成藝術品，是不是就更有價值了？另外還有些狀況存在通吃格的「可能性」，我們來看看下面的例子。

機率一半一半被通吃格

這個卦象被通吃的可能性大約一半一半。象如果主動吃俥和兵，這局就不會被通吃。但如果象不動，因為上方的卒沒有保護能力，就會被仕、俥或兵給通吃。

這種狀況就像跟人互動一樣，我主動吃兵、俥，我就得到好處，可是如果我不主動去吃，我就會被通吃。雖然象的行動力沒有那麼強，大部分的情況下也不太會主動，但也沒有說百分之百絕對，因此卜到這種卦的卦主，如果一定要去做這件事，建議盡可能主動一點。

生死關

在命盤的十年運勢中，若中間的棋子不能出去（無法往四方吃，或無法過局往上吃），加上沒有被保護，一定會被吃的話，代表有生死關（但總格若有象／相，同色或不同色都算，易有好運、好福報或天助，是來自過去世的修為，基本不會在 30 歲前就死掉）。若在單卦或年運中則不作生死關解釋，僅解釋通吃格。

事業格

同時出現車、馬、包（俥、傌、炮），不管是全紅、全黑或紅黑相間，簡單來講，就是五支裡面出現車馬包三支棋，不論什麼顏色，就是所謂的事業格，代表會有做事業那樣的認真態度，但比較不利於感情，因為就是太過認真。人跟人之間的相處如果太認真的話，感情不會太好，睜一隻眼閉一隻眼才是感情長久之道。所以有事業格不代表是好卦，雖然會加分，但是好壞還得看有沒有收穫。

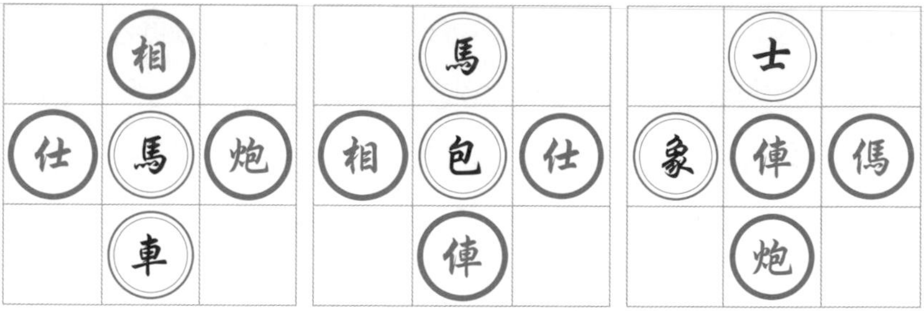

第一局　第二局　第三局

上面這三個局裡面同時都有車、馬、包（俥、傌、炮）三支棋，代表我們在做這件事情或跟某人相處時，會像做事業一樣很認真。

今天假設你想要知道做這三個事業好不好，然後卜出這三個卦來，表示你做這幾個事業都會全力以赴、很有做事業的態度。但是再仔細看，第一局馬吃不了相、仕與炮，表示你得不到什麼好處，反而相和仕可以得到馬的好處，但馬不會被吃，因為車會保護馬，所以幾乎都是在付出沒什麼收穫，每天奔波來去但完全沒有出路，馬走斜角也跑不出去，得不到什麼好處，也完全沒收穫。

第二局中，這個馬與包也得不到紅棋的好處，因為包要飛山，馬雖然可以去吃紅棋，但是因為包沒有人保護，相、俥、仕都可以把包給吃掉，而馬不管是吃了相或仕，最後都會被俥或其他棋子給吃了，也就是被通吃的格局。可以看出，你很想做這個事業（因為有馬有包，表示想擴展、想改變），而且你在做的時候也會非常有做事業的態度，但是卦象顯示你不要做，最後一定會關門大吉的。

第三局的俥可以直接吃士與象，代表可以做這個事業，而且會賺錢。但是因為它是通吃格，所以你要留意，千萬記住做人做事要留餘地。如果你沒有把通吃格這個問題解決，你會發現一開始賺很多錢，但到最後什麼都不剩只留下經驗。

簡單來說，今天你的心棋裡只要出現車、馬、包（俥、傌、炮）事業格，就代表你做這件事情會很有做事業的態度。如果是在問你跟某人的互動上，出現事業格表示你對這段關係有在用心經營，但可能會因為用力過猛而適得其反，這點也是要特別注意的地方。

桃花格

卦象上，位置②跟③或在位置④跟⑤這兩處是包帥、炮將、包炮的話，即為正桃花，代表有在一起的緣分。其他位置則為偏桃花，係指有曖昧的情愫，但沒有發展到正桃花的關係。一般命理講的桃花，大多涵蓋了人際關係，可是我們在這裡講的桃花純粹單指情感關係、異性緣或男女情愛。

位置②跟③為包炮這個組合的話，除了是一對好朋友，而且還是桃花格。如果是包帥或炮將的組合，包或炮則是比較主動的那一方。

在命盤的十年運勢中，除了上述的桃花格代表正緣，偏桃花代表有情愫關係，如果也出現好朋友、相鄰的明君格、相鄰的欣賞格（士俥或仕車）也代表是正緣，是可以結婚的緣分。

問年運時若出現好朋友格或是桃花格，需搭配命盤十年運勢比對是否為正桃花或偏桃花。若命盤上無，則解釋為當年人緣好、異性緣佳。

曾經有個從事保險業的已婚女區經理來找我卜卦，她說她跟一個下線的夥伴最近有一些爭執，她想要知道原因在哪裡，結果卜出來是桃花格（偏桃花）。我問她對方是不是她男朋友或有親密關係，她說不是。我說：「可是卦象上面說你們是男女朋友！如果這卦象是正確的，我就告訴妳要怎麼解決問題。」後來她才承認，為了幫她解決問題，我就建議她跟對方維持朋友關係，畢竟女方已經結婚。這個解讀其實我憑得是當下的直覺靈感，因為卦象只顯示有桃花的「可能性」，但我看過很多人的卦象，了解人性有太多隱瞞欺騙，但卦象卻不會騙人，所以我現在相信卦象比相信人性還多。

這也是為什麼我這麼喜歡棋卦的原因，因為卦象可以看出那些隱藏在表面之下的訊息。當然我也能理解那些想隱瞞事情的人，這是人之常情，畢竟沒有人希望自己的隱私被別人看見。所以如果自己學會如何卜卦，一方面能自己解決問題，一方面能保有隱私，豈不兩全其美？

全黑全紅格（又稱悔恨格）

如果當棋面出現五支全紅或全黑的卦象，一般有三種解釋：

- 不成卦，再卜一次。
- 不會做或不會成（不論好壞）。

- 各方面都不好，或有開始但沒結果，也可能連過程都沒有。亦稱悔恨格。

解卦時要套用哪一種解釋，需要看問題而定。

命盤的總格或年運如果出現全黑或全紅格，代表全陰或全陽，這個世界就像太極一樣，會以陰陽的動能把我們的地、水、火、風四大物質組成物質實相，如果全黑或全紅，代表我們生命的動能比較不足，就算有福報也不容易示現，原本可以有好的狀態，但因為動力不足走不出去而無法將福報兌現。

我看過很多人，他們的生命狀態都很不錯，甚至還是名人，所以五支都黑的或五支都紅的並不代表他的生命架構不好，可能他的福報真的很好，生在好人家中或是有貴人相助，有些運勢還是很不錯的。

我曾經看過某位很有成就的人的命盤，每個人都覺得他很棒、財務狀況也很不錯，可是他總格五支都黑的。這樣的人的性格會想有所擴展，但期待的跟得到的都不一樣，常常成不了他想要的局。以白話來說就是「鬱卒」，一般人會戲稱為「高級煩惱」，我就會勸他多往下看一看，這世界上還有許多比他更辛苦的人或是再怎麼努力都沒有成就的人。

離婚格

女生命盤中的總格若出現以下幾種狀態即為離婚格，代表有離婚的極大機率：

- 第一種情況：第一支是將、帥、黑士、黑車（紅仕、紅俥不算，因為黑棋偏武而紅棋偏文，女性不適合黑）。
- 第二種情況：與自己同色的暴君一定會離婚，不同色的暴君離婚機率為兩成（與自己同色的明君離婚機率為五成，另五成就要看自己的福報；與自己不同色的明君則不會離婚）。
- 第三種情況：有分離格，好朋友被隔開（非包炮），將帥隔開也算。
- 第四種情況：同時有車、馬、包事業格（此三支同色或混色都算），且其中一支在中間。
- 第五種情況：卦象呈現被通吃的格局（若是通吃別人的通吃格，離婚機率也有一半）。
- 第六種情況：全紅或全黑的悔恨格。

以上任何一種情況都可能構成離婚，如果同時出現兩種狀態，代表會離兩次婚．次數是累加的。喪偶也算是離婚的一種。

女性命盤中，若總格有離婚格．加上十年運勢出現離婚格的話，就代表離婚的時間點。若總格沒有離婚格而十年運勢有離婚格的話，那幾年比較容易和另一半意見不合、易爭吵，盡量減少相處會讓關係變得比較融洽。

人會離婚有八成以上是因為雙方觀念不合或移情別戀，所以離婚格在象棋卜卦裡面也代表兩人的價值觀已經出現落差。男生會不會離婚要另外卜一個卦來看，但是女生會不會離婚從命盤的總格就可以知道。

離婚是大事，但不是壞事，跟另一半的關係變差了，再糾纏下去也是浪費時間。假如命盤中顯示離婚次數是三次，那第四次就不會離了，話雖如此，但也很少會有人經歷了三次婚姻還要結第四次婚的！

如果女性的總格裡有將、帥、黑車、黑士或事業格，代表會比較強勢一點，但婚姻是談感情的，命盤裡出現這種擇善固執和自以為是的特質，對婚姻並不好。如果這個能量不是用在事業上而是用在家庭上，婚姻感情就會不好，建議可以專注在個人的成就與事業發展上。

第一局

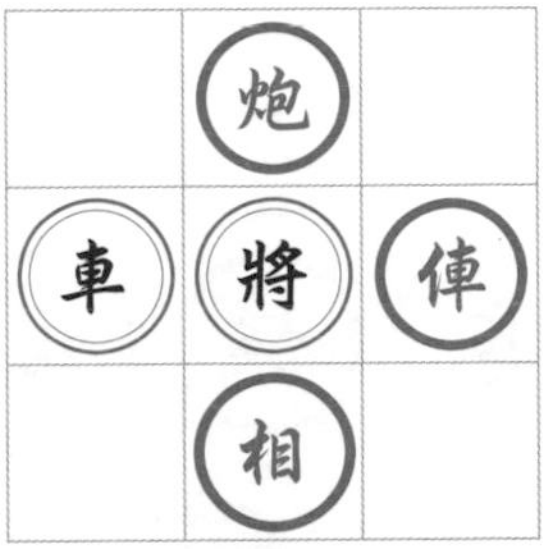

第二局

第三局

這三局都專指「女生總格」的卦象。

第一個卦，總格裡出現兵卒分開，代表會離一次婚。

第二個卦，總格裡出現車俥分開，中間是將，代表會離兩次婚。

第三個卦，包炮分開是好朋友、桃花格，非離婚格，但中間有黑士，基本上會離一次婚。

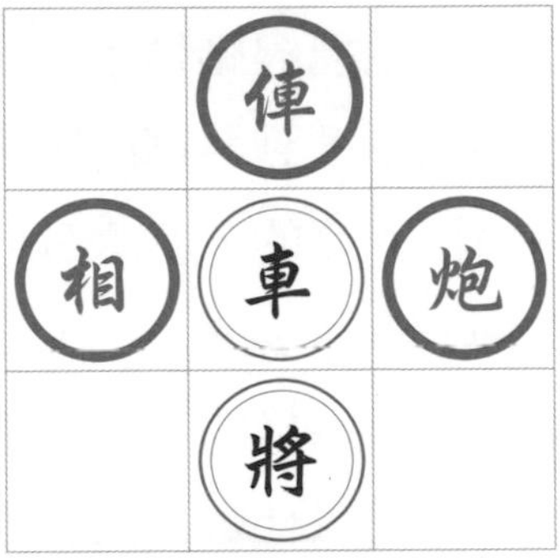

離婚二次格

這個卦中間是黑車，加上有暴動的將（沒有看到紅兵），所以這會離兩次婚。

	兵	
包	傌	相
	車	

離婚一次格

上面這個卦有車、傌、包，且其中一支在中間，所以這個也會離一次婚。

假設一個女生的總格有離婚格，而且還沒有結婚，雖然會有離婚的機率，但可以跟佛菩薩祈願，這輩子她就有可能不經歷離婚，或只是在一起而不會結婚，相遇的緣還是要了結。如果這個女生已經結婚了，則代表結婚對象是有離婚的經歷，因為這牽扯到共同的因果宿命，基本上離婚這件事情是沒有辦法改變的，當緣分已盡的時候，就只能善了，讓離婚成為好事。

我遇到很多總格帶離婚格的女士．都很想跟她們的先生離婚，但由於長時間脫離社會、沒有經濟能力或是不捨孩子的問題所以忍著不離婚，過得相當痛苦。我總跟她們說，會離婚是你的因果本就如此，不管嫁給誰都會有這個果報，只是由誰來扮演你先生的角色而已。你要成為自己生命的主人，你要為你「想離婚這件事」做佛法中的改運計畫，你的情緒張力一定可以因為淨化而改善，但也不是說處理完之後你就不會經歷離婚，而是讓佛菩薩來幫忙你，你就靜待看事情的變化。當緣分已盡的時候也代表也該放手了，讓離婚成為好事，如果無法相濡以沫，那就相忘於江湖吧。

如果在年運當中有看到離婚格，我會建議卦主與自己的先生分房睡，這也是化解的一種方法。

眾星拱月格（又稱鬱卒格）

所謂眾星拱月，就是中間是唯一不同的顏色，唯一的顏色不會被吃，它可以吃外邊的棋子。眾星拱月格並非不好，好壞得看有沒有收穫。

當中間的棋被困住、無法有所得時，會陰陽不協調（因為紅黑比例 1：4 或 4：1，極度不平均），表示壓力大、情緒起伏大，故也稱為鬱卒格。

第一局　　第二局　　第三局

第一局的卦中間是紅俥，周圍都是黑棋，表示外界不看好，加上有黑將，別人總想給意見來掌控你，雖然你能力很好（俥），也可以吃將、卒、象，但象也會從我們身上獲得好處，加上陰陽不協調，好心情指數不會很高。

第二個卦，周圍都是紅棋，代表外界很看好，但這肯定不會是眾星拱月，因為你是黑包，什麼都吃不到（包要飛出去才有得吃），而且四周的俥、相都想從你身上得到好處，所以這是鬱卒格。

第三個卦，除了有眾星拱月格之外，外界很看好，不需要什麼付出就有很多收穫，但也要留意會通吃別人的狀態，因為黑士會把外面這一圈紅棋給吃了。

一枝獨秀格

唯一不同的顏色在旁邊，不在中間（與我們不同色）。唯一的顏色不會被吃，但一樣會陰陽不協調、壓力大、情緒起伏大。

如果這唯一的顏色是馬（傌）或包（炮），我們自己就一定會被吃（不受好朋友格、保護或牽制的限制），炮能吃隔山的棋，而傌則會吃一整圈。

不論什麼格局，只要是被馬（傌）或包（炮）吃，代表犯小人（得罪別人）、卡到陰（心神不寧）或因自己做錯決定而有損失，這三種狀態都有可能同時存在。

在象棋卜卦裡，小人不一定代表對方是居心不良的壞人，而只是因為他的存在讓我們有所損失。舉例來說，今天你的家人接觸了一個投資案，也賺到了錢，他們把這個賺錢的機會跟你說，找你一起投資，結果你投資之後，這家公司就倒了。這種情形家人就算是你的小人，但他們並不是壞人，只是出於好意想要讓你一起賺錢。

我再舉個例子，假設你早上突然有一個靈感，某檔股票會大漲，就在你要進場下單的時候，你朋友突然打電話給你：「哎兄弟，我跟你講，我這兩天去高雄買了特產要給你，你應該在家吧？在家！那我現在過去找你！」於是朋友去到你家，跟你談天說地，讓你錯過下單的時間，後來發現那支股票真的大漲，這情況也可以說朋友就是你的小人。

這幾個例子是要提醒讀者，這裡提到的犯小人，並不代表是自己主觀認定的壞人，只是因為犯小人因果的存在，示現有人給卦主帶來福報或金錢方面的虧損。

第一局

第二局

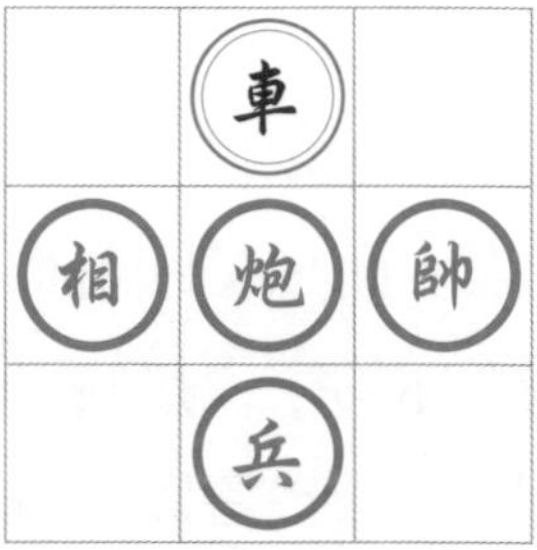

第三局

第一局裡唯一不同的顏色是紅相，不會被吃，所以士僅能得到相一半的好處（得分：20），而相無法吃士、也無法得到士的好處，所以我們沒有損失。雖然有收穫，但陰陽不協調，心情還是不好。

第二局裡唯一不同的顏色是黑士，黑士可以往上把紅棋給全吃了，因為紅棋沒有保護，所以這不僅是一枝獨秀格，也是被通吃格。

第三局中唯一不同的顏色是黑車，黑車可以得到炮的好處，但因炮有帥、相、兵的保護所以不會被吃，炮飛山，無法得到車的好處，所以付出或損失很多。

一枝獨秀格

上面這一局的炮是唯一不同的顏色，會吃掉我們的士（扣分：60），馬無法保護士，代表會犯小人（得罪別人）或卡到陰（心神不寧）。

如果一局中唯一不同的顏色是馬（傌）或包（炮），如果是在上④，可能要考慮長輩或祖先的問題；在下⑤可能要考慮嬰靈的問題。

一枝獨秀格

這一局唯一不同的顏色是紅傌，雖然這局有傌馬斜對的好朋友，但因為一枝獨秀不受好朋友的限制，這支紅傌會吃我們一圈，包含象、卒、馬（扣分：40 ＋ 10 ＋ 20 ＝ 70），損失嚴重。

富貴格

卦象同時出現將、士、象（帥、仕、相），不論全紅、全黑或混色，三支同時出現，代表有人會幫我們做事，但有時候這也造成自己缺乏行動力。可依據將、士、象（帥、仕、相）的布局看出狀態的變化，並非富貴格就是好卦，雖然會加分，但還是要看我們有沒有收穫。

如果一個人沒有將、士、象（帥、仕、相），就代表他沒有別人會主動來幫他的運勢，完全只能靠自己。但只要有富貴格，就會有人想要主動來幫他的運勢。

第一局

第二局

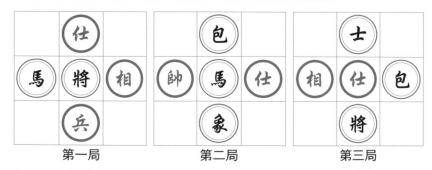

第三局

幫忙的狀態有分上中下，這裡列出三種卦象輔助說明。第一局有將、仕、相，乃富貴格，一般會先看將（帥）出現在哪裡，再來看士（仕）與象（相）的位置。富貴格，代表你做這件事情，一開始就會有人來幫你，而且越來越多人來幫你，到最後還是有一定比例的人來幫你。以分數來看，將可以吃相與仕，將兵互相依存所以不會互吃，但能互得到一半的好處（得分：60 ＋ 40 ＋ 5 ＝ 105）。兵得到將的好處比較多（因將在中間大有可為，不計兵對將的扣分），故這局收穫大於付出。

第二局，帥、仕在中間一排，象在下面，代表你在做這個事業的時候，一開始會有一定比例的人來幫你，接下來持續差不多比例的人來幫你，最後幫你的人變少，但是還是有人幫你。以分數來看，我們的包、馬、象都吃不到也得不到好處，而且帥與仕會把我們通吃，所以雖然是富貴格、有人幫，但你千萬不要去做，因為最終一定會全部虧損、損失慘重。

第三局，將在下面，仕與相在中間一排，就是一開始幫你的人雖然不多，但是慢慢地幫你的人會越來越多，到最後會有一定比例的人持續幫你。以分數來看，這局有士仕好朋友所以不會互吃，仕可以得到包一半的好處（得分：7.5），但包會得相一半的好處，將也會得仕一半的好處（扣分：20 ＋ 30 ＝ 50），所以總共損失 42.5 分，而且外在有將的暴動，對我們不利。雖然是富貴格、有人幫，但還是會損失慘重。

三人同心格（又稱無堅不摧格）

同時出現三支卒或三支兵（或四支同色的卒或兵），與自己同色是自己的三人同心，代表自己已經準備好了；與自己不同色是別人的三人同心，表示外在的人事物跟環境已經因緣俱足了。三人同心如同一支俥（車）一樣的能耐，就好像三個臭皮匠勝過一個諸葛亮一樣，可以把一件事情做好。但如果五支都是兵或卒（混色也算），則有其他解釋，我們之後會再介紹。

三人同心只會出現兵或卒，因為象棋裡，除了將、帥以外，其他紅棋或黑棋皆各兩支，只有兵與卒各有五支。如果你問做這件事情好不好，卦象出現自己的三人同心，就代表你做這件事情會很順利，因為你都已經準備好了；如果顯示的是外在的三人同心，代表外在條件俱足了，但是能不能賺錢還得看有沒有收穫。

第一局

第二局

第三局

第一局，中間是卒，另外兩支也是卒，是自己的三人同心，而且卒可以吃紅仕（得分：60），而仕與俥只會得到卒的好處，因為右邊的卒會保護中間（扣分：5 ＋ 5 ＝ 10），代表不只已經準備好了，做這些事情還真的可以賺到不少錢。

第二局，是外在的三人同心，如果你是問做這個行業好不好，顯示是你做這個行業很好，你會有不錯的表現（有車），你會很有智慧地管理策劃把事情給做好（有士），而且你外在的環境也已經準備好了（三支兵）。以分數來看，右邊的兵與下方的兵各能得到車的好處，因為有士保護車，而車有機會把兵給通吃，所以代表你做這件事的能力、外在條件都已具備，但可能會歸零。遇到類似的情形記得最重要的是發願做布施，或者做好完全充足的準備，分析好市場變動。

第三局，是自己的三人同心，一樣是代表自己已經準備好了，兵和卒也是好朋友格（不會互吃），雖然兵得不到卒的好處，但下方的相會得到卒的好處（扣分：5）。

自己的三人同心就不論自己的消耗，但如果是在解年運或命盤，則有可能有跟對象之間的消耗，若剛好有不同顏色的兵或卒，也可能會有破壞格或分離格的情形，視卦象排列而定。

外在的三人同心，我們與相對位置的對象感情良好，但相處起來就是會懶懶的、沒有太多情欲、不太想互動（兵或卒消耗的關係），它們之間也可能會因我們的存在而有消耗、破壞或分離的狀態。以第二局為例，假如卦主是女性，她的長輩跟先生、或先生跟小孩、或長輩跟小孩相處起來，會因為她而有消耗的情形，而且長輩跟晚輩之間有分離格，他們之間或她與長輩和晚輩可能會有聚少離多、較不親或意見相左的狀態。若命盤總格出現外在的三人同心，外在的狀況也因為是在自己的因果律裡，所以不論別人或自己，都會有消耗的狀況。

帝王格

僅用在總格上，五支皆為兵或卒（同色或混色）。因為五支全部都是地格，代表不論做什麼事，只會往上不會往下，為極佳的帝王格。若是問運勢或單卦，則不解釋為帝王格，依個別狀況解卦。

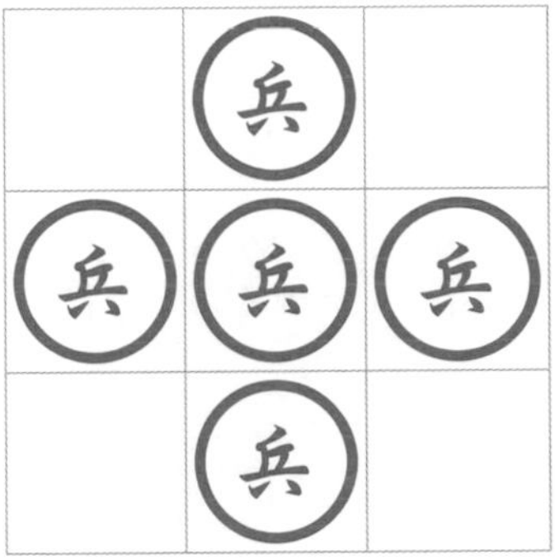

帝王格

此為帝王格，跟上下左右周遭的關係都不錯，但都不會想要積極互動，且有鬱卒格、陰陽不協調的狀態。

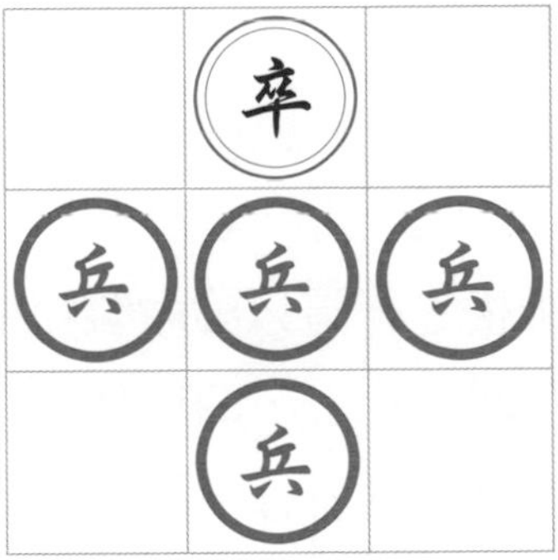

帝王格 & 一枝獨秀格

此為帝王格以及一枝獨秀格，跟長輩雖然是好朋友，但因也有分離格，所以有時候會有意見不同的狀況，與平輩和晚輩不會想要積極互動，四紅一黑會有陰陽不協調的狀態。

帝王格 & 眾星拱月格

此卦象為帝王格以及眾星拱月格，代表跟上下左右周遭都是好朋友，但也不會想要積極互動，四黑一紅也有陰陽不協調的狀態。

大師格

極少見到大師格，在這只論命盤總格。②③④⑤的位置為兵或卒（同色或混色），四周都被兵和卒包圍，呈眾星拱月，顯現中間卦主的特性，故為大師格。中間①的位置若是帥（將），做任何行業都適合，更適合當老闆或企業家，因為大家都圍繞著他轉動；仕（士）適合從政、掌權、軍隊領導人；車（俥）適合帶領人群做事；馬（傌）為黑社會地方霸主，因為馬（傌）遊走於人群之間；包（炮）因為男帥女美，適合當偶像明星朝螢光幕前發展。

勝利格

②③⑤的位置為同一個顏色，像勝利的 V 字，代表想做的事情容易成局。若與中間為好朋友，就是靠自己的能耐獲得勝利，如果沒有好朋友，就是受他人的幫助獲得勝利。並非有勝利格就絕對是好的，還是得要看我們有沒有收穫。

第一局

第二局

第三局

第一局，紅棋呈現 V 字形為勝利格，中間是士，士仕好朋友，代表容易勝利成局，而且是透過自己的能耐實現的。比如你想開一家居酒屋，如果出來的是這個卦象，代表很快可以開成，你的廚師能做出美味的燒烤、前期的籌備都很順利，很容易達成這個局，但就是不容易賺錢。以分數來看，我們中間的士可以得到兵和俥一半的好處（得分：5 ＋ 15 ＝ 20），但俥與兵也會得到士一半的好處（扣分：30 ＋ 30 ＝ 60），總分為負 40 分，結果就是付出大於收穫，還可能會虧錢。所以提醒讀者，問事業還是需要設定時間，不要忘記所有的經營都有過渡期，想當初可口可樂也是經過好幾年才開始轉虧為盈。

第二局，有好朋友也有自己的勝利格，俥和傌分別可以得到包和卒一半的好處（得分：7.5 ＋ 5 ＋ 7.5 ＋ 5 ＝ 25），但是卒可以得到俥一半的好處（扣分：15），整體可以得 10 分，所以不只容易成局，收穫也會比付出多。

第三局也是勝利格，但是沒有一對好朋友，代表你做這件事很容易成局，但不是因為你有那個能耐，而是因為外在的因素幫助你成了這個局。如果這個卦象是在問做這個生意好不好，做這個生意很容易成局，但你絕對不要做，保證你賺不到錢還會虧掉本金。為什麼？因為黑色的包是自己，吃不到也得不到好處，包是要飛出去的！而且這個主帥可以把包吃掉，再把象吃掉，仕也可以把包和象吃掉，是被通吃的格局，看似勝利但卻是全敗。

雨傘格

②③④是同個顏色，像雨傘的形狀，就像一把受到上天照顧的保護傘，可得安定，所以為天助。但也有可能因為看不到天空，心情會有點悶。黑雨傘表示外界不看好，而紅雨傘表示外界看好，但好壞也是得看有沒有收穫。

雨傘格如果是出現在命盤的最後一局，代表這一輩子是比較有修為的。就我積累卜卦的驗證，雖然沒有辦法證明這些人修為境界是否都很高，但可以肯定的是，他們人生的考驗與問題，相對會比一般人多一些，因為磨難會使人成長。那麼人助跟天助的差別在哪裡？什麼又叫天助？假設今天你開了一家素食餐館，由於你的服務做得很好，所以顧客會幫你轉介紹新客戶，這叫做人助。那什麼叫天助？天助就是莫名其妙，開車經過這條路的時候就很容易看見你的招牌，很奇怪的是，也會有很多人看到你的招牌，會想起吃素食的福德很大，結果就都跑進來了。

天助的力量比較大，所以天助大於人助。天助格包含雨傘格與十字天助格，而富貴格則表示有人幫。此外，命盤的感情格若收穫大於付出，也是表示有貴人相助，屬於人助。我們一樣來看範例。

第一局

第二局

第三局

第一局是紅雨傘，別人很看好，雨傘格的第一特質是有天助，第二因為撐著雨傘看不到天空，所以心情會有點悶。雖然有一對兵卒好朋友不會互吃，但自己兩支卒亦為破壞格，是自己的消耗、想太多、不想這麼做。以分數來看，卒可得到俥與仕一半的好處（得分：15 + 30 = 45），俥和仕也各會得到卒的好處（扣分：5 + 5 = 10），整體來說可得 35 分，收穫遠大於付出。

如果是問做這個行業好不好，得到這個卦象，表示你做這個行業會有天助。但是看起來你本身好像沒有那麼想做，因為你做這個行業很容易想太多（卒卒自我消耗），但是你身邊的人都很看好你去做個事業（因為是紅雨傘）。這個行業你真的可以去做，因為結果會是收穫遠大過你的付出，只要將自己卒的消耗去除就會非常好。

當你決定做這個行業時，你可以把市場上的優劣都分析出來，尤其是針對缺點一一條列，並加以排除。再跟佛菩薩祈願把它們加以改進，並承諾賺錢或過程中會布施回饋於社會，那你在做這個事業的時候就可以很開心，不會想太多，也不會心情悶悶的，別人更加看好，一定能得到很棒的收穫。

第二局是紅雨傘。如果你問做這個行業好不好，你會發現，你做這個行業你身邊的朋友都非常看好（因為紅雨傘表示有天助），但這個行業你絕對不要去做，因為一定會賠死。為什麼？因為包在中間飛不出去得不到好處，包是要飛出去的，而且仕會把你給通吃掉。

第三局也是紅雨傘，雖然外界都看好，但你千萬不要去做，因為你得不到好處，而且整個會被吃掉。

不知各位讀者有沒有發現，只要是馬（傌）跟炮（包）在中間，都不是好的卦象，都會有志難伸。

十字天助格

①②③的位置或①④⑤的位置為同一顏色，就像構成十字架的橫槓與直槓，代表有天助。但並非十字格就是好卦，雖會加分，但好壞要看有沒有收穫。

簡單來講十字格多了一個特點，就是有天助，但並不代表有天助就是好的。比如你開了一家店，假設卦象結果是被通吃、會賠錢倒閉，就表示會有很多的人來協助你早點休業哦！

修行緣分格

在命盤總格中，和自己同色的馬、傌、包、炮可以吃到別人，代表身上有神明的力量。吃到對方的棋越大或收穫越大，代表能力越強，適合做神明的代言人或是身心靈老師。

命盤總格中，中間①的位置是象（相），同時有同色的馬、傌、包、炮，即使沒得吃、沒收穫也算跟神明有緣分。中間①以外的位置有同色的象（相），也代表有修行的緣分。

命盤總格中，中間①的位置是象（相），沒有同色的馬、傌、包、炮，代表有修行的緣分，但沒有神明緣。

命盤總格或十年運勢中有雨傘格或十字天助格，代表有神明看顧。

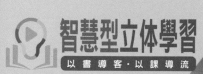

般若波羅蜜多心經

第八章

時運之流轉
與命中年運的互動

風吹樹搖動，實屬心在動。
短暫福禍交織的考驗，亦與我無關，
時來運轉，心亦不轉，
而我只堅持心的善念！

第八章 時運之流轉與命中年運的互動

我們在這一章中會教大家怎麼處理年運不理想的地方，或透過向佛菩薩祈願，讓自己越來越好。

年運不一定要在當年卜，可以前一年預先卜，只要在卜卦當下設時間點就行，也可以卜月運勢。

解年運的邏輯和步驟

第一步、卜問今年會呈現什麼樣的狀態（字義、格局），可參閱第四章與第六章的介紹。

第二步、確認付出跟收穫的關係。

第三步、確認跟左右上下的互動關係。

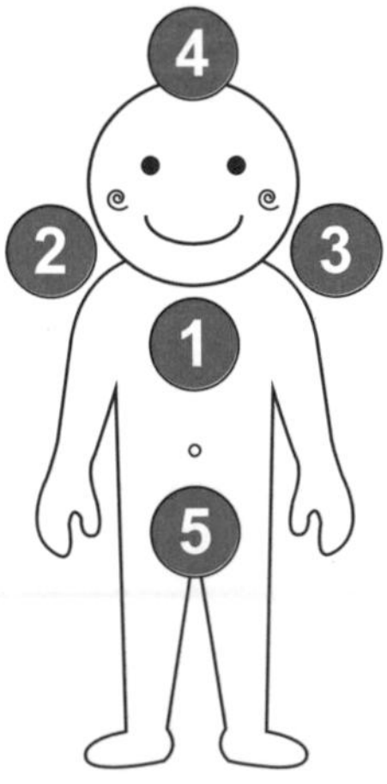

前面也提過，這裡再複習一次：五支棋子如同一個「面對我們的人」，男左女右，男性在「我們①的」左方

（我們看到的右③）、女性在「我們①的」右方（我們看到的左②）、上方為長輩（我們看到的上④）、下方是晚輩（我們看到的下⑤）。

如果卜卦的是男性，則②代表妻子、女朋友、女性的平輩、朋友或同事等。③代表兄弟姊妹、男性的平輩、朋友、同事等。

如果卜卦的是女性，②代表兄弟姊妹、女性的平輩、朋友、同事等。③代表丈夫、男朋友、男性的平輩、朋友或同事等。

不論卦主是男是女，④都代表父母、長輩、上司或長官，⑤代表兒女、晚輩或下屬。

先看整體格局的互動狀態，再看棋子顏色。若為同顏色之棋：屬於自己的特質（但若在命盤的總格，可看五行的相生相剋，分析彼此的影響力）。若有不同顏色的棋子：則看收穫與付出。

第四步、健康方面。身體的主結構是要看命盤總格，而年運則是在某些狀態下會扣一些分數。卦象上對健康造成影響由大至小的順序如下：

❶ 中間棋子受威脅最明顯。

❷ 再來是消耗。

❸ 陰陽是否協調。例如出現全紅、全黑、四紅一黑或四黑

一紅，都是陰陽不協調，代表整體動能不足、氣血循環差、能量流動不好、情緒不穩定，且行動力很差。若紅棋多，代表陽氣過剩，建議可以踩踩草地；若黑棋多，顯示整體心情憂鬱煩悶、俗稱死氣沉沉（也就是陰氣過剩，可以多曬曬太陽，尤其是背部）。

❹ 某一項五行屬性過多（三支以上）。

❺ 五行所缺的，相對應的器官系統與健康容易出現問題（第❹與第❺項用在解命盤的總格，年運則不看）。

這一章對於年運的部分我們會有更進一步的認識。還記得之前有提醒過大家，要以上帝視角來看卦象。我們在解棋卦的時候，盡可能地把自己融入到棋子裡面，想像一下那支棋子會是什麼樣子。例如說你騎著一匹戰馬，做事上都很威震四方，你會喜歡遊走在人群中。如果你是一門炮，你是不是很想要飛越山頭精準擊中敵方？代表你可能就很想要有所突破、很想要為自己的事業有所作為，也代表你不會想要很死板去做事情，你擁有很多創意，也不會想要做像行政那種固定的工作。如果是象呢？象是不是很威嚴霸氣？因為象就像宰相一樣，你會發現你很想有所擴展繼而能有效策劃指揮；如果是車，就像車子一樣橫衝直撞。每支棋子的屬性都很顯而易見，很輕易就能代入，如果你擁有某支棋子的屬性且能依照它的特性，你就會知道要如何看待這整盤棋的格局，練習久的人一眼就能看出端倪。

年運解說案例一

【基本資料】

此卦卦主是單身女性，從事房仲業務工作。

【整體狀態】

這一局有兵卒斜對，代表今年在公司內部及在外發展人緣都不錯，有斜對的好朋友就代表人緣不錯。相有機會把車和卒通吃，是通吃格。

卦主今年呈現的狀態是紅相，是擁有兵和仕特質的相，是很務實、帶名聲權力的相，表示她可以利用網路社交媒體，將自己的理念或事業透過這些多樣化的方式來曝光並宣傳。因為今年她是帶有名聲的相，帶相也有好運氣，可以順勢而為。

【付出與收穫】

中間的相會感受到車的威脅，而仕和兵會保護相（扣分：20）。今年情緒起伏會比較大，因為相跟情緒、火氣有關。相可以因為一些天助的好運而有收穫，也可以吃掉卒與車（得分：10 ＋ 30 ＝ 40）。

合計可得 20 分，收穫是大於付出的，只是有通吃對方的格局，會發現不管做什麼都有不錯的開始，但是最後比較容易歸零或必須重頭來過，也就是案子談了很久似乎快要成交了，但最後卻沒有如期成交。

我們卜卦都會想趨吉避凶，當我們明白了佛法及自己運勢的道理，如果有好的運勢，我們可以往這個方向推進，如果是不好的運勢，就要更加收斂保守、注意並改善這個不好的局勢。

因為年運是代表整體，這個通吃的狀況絕對不會只出現在工作上，舉凡生活上的大小事都有通吃的可能，比如卦主想運動減肥，也真的有不錯的開始，但最後卻不了了之、無法持之以恆。所以「今年的運勢裡，會有不管做任何事，起初都有不錯的開始，但容易虎頭蛇尾、無疾而終」這樣的問題，只能重新調整心態，因為相跟仕都是指揮職，很容易只出一張嘴卻不去行動。如果去掉通吃格，能夠腳踏實地地去做，今年不管做什麼，只要主動且持恆，都可以有不錯的收穫。

【互動關係】

因為相可以輕鬆愉快吃掉上方的卒，卒代表上司、主管、長輩或父母，雖然相本身比較不主動，但只要她主動開口，長輩幾乎都會幫忙，今年也不會找自己麻煩，這是因為受到卒不能後退的影響。

車是身邊平輩的女生朋友，相因為有仕跟兵的保護，車不敢吃相，但如果相不吃車，就代表相要給車好處，這是什麼意思？就是說，卦主如果不主動跟她的女性平輩提出要求的話，對她們的付出就會比收穫來得多；如果主動提出要求，可能不需要付出就有不錯的收穫。打一個比方，我們是珠寶推銷人員，而對方是做保險的，如果我們主動跟她推銷手飾珠寶，對方一定買單。但是如果我們沒有跟她推銷，對方反而就會跟我們推銷起她的保險商品了，而且可能只跟我們買一個單品，我們卻跟她買了一整套保險產品，算下來，我們的付出會比收穫還多。

兵代表身邊的平輩男性、男性朋友或是男同事；仕代表下屬或晚輩，因為相與兵、仕都是紅色，所以就沒有誰吃誰或付出與收穫的問題。

【健康狀態】

車對相有威脅，相屬於心血管部分，今年心血管稍微弱了一點、情緒起伏比較大，建議可以多做有氧運動，但因為有仕保護不會被吃掉，所以不會有什麼太大的影響。

這是一個通吃的格局，為了要掌握相帶好運的格局，只要時時提醒自己主動並堅持落實到底、不要半途而廢、多開口提要求，都可以有不錯的收穫。

年運解說案例二

【基本資料】

本局卦主是已婚女性，全職家庭主婦、有小孩。

【整體狀態】

格局為眾星拱月格，外面一圈黑棋包圍一支紅仕，代表別人不看好，旁邊的人都認為她過得不幸福、心情很鬱悶，但事實上卦主心情還不錯。

今年卦主的狀態是紅仕，帶名聲、權力，不管要做什麼都可以表現得不錯，就算只是個家庭主婦，也是一名稱職的家庭主婦。但紅仕也會有一些自以為是。仕也帶文昌，代表在學習上可以有不錯的成就，所以多花一點時間去學習投資也不錯。加上仕可以吃象，象跟修行及房地產有關，在修行上多下一些功夫積累福報，也會有很好的成就。但仕也有可能會把周遭的黑棋全吃了，是通吃格，有收穫歸零的可能性，這個自以為是的個性和通吃格都可以用事前規劃來避免。

【付出與收穫】

仕可以吃象（40 分）、吃馬（20 分）、吃兩支包（15 ＋ 15 分），但有通吃格容易歸零，若能自我提醒並收斂，就不會發生通吃的狀況。

【互動關係】

仕可以吃上面的馬，所以長輩、公婆等等都是她的貴人。象是身邊平輩女性或兄弟姊妹，仕可以輕鬆地吃象，所以基本上不需要為對方付出，反而可以從他們身上得到很多好處。所以如果需要幫忙的話，多跟身邊平輩女性朋友開口，其實都會有不錯的回饋。

右邊的包是先生或男性平輩友人的位置，仕如果想吃包，上面的馬會保護包，是牽制的格局。所以仕僅可以得到右邊包的好處，能有一些獲利和協助。

下面的包是小孩、晚輩或下屬的位置，仕可以輕而易舉地吃這支包，所以今年她對小孩的影響力也很大，他們都會乖乖聽話，也能得到這個位置不錯的收穫。

【健康狀態】

仕沒有受到任何威脅，所以沒有大問題。包有消耗格，雖然是非同色的消耗，影響沒那麼大，但也要稍微注意泌尿系統，多喝水就行。

另外，四支黑棋一支紅棋陰陽不協調，建議有空可以到戶外曬曬太陽，多補足身上陽氣的能量，能穩定情緒、保持心情開朗。

年運解說案例三

【基本資料】

卦主為已婚男性，從事補教業。

【整體狀態】

他是中間的帥，看得到卒，為明君，今年不管做什麼，都可以表現得很好，而且有很大的權力，因此可以好好地把握與發揮。因為帥、仕、俥都會有名聲，所以有機會讓自己出一點名氣會很好，可以多宣傳自己的理念和想法。帥也代表領導的格局，影響力不錯。將帥是好朋友，包帥異性緣也挺好，但將看不到兵是暴君，會因外在暴動影響自己脾氣，進而有做出錯誤決定的可能性。

卦主擁有傌的特質，所以今年會很想要變化、有所作為、有所擴展，因為傌想要走四方。傌可以得到包和卒的好處，所以卦主想要有所作為與擴展的意圖，會有不錯的成果。

【付出與收穫】

將帥是好朋友，不互吃，帥和傌各自可以得到包、卒一半的好處（得分：（7.5 ＋ 5）×2 ＝ 25）。卒可以得到帥的好處（但這裡不計卒對帥的扣分，因帥在中間，大有可為，給卒一點好處而已），故收穫不錯。

【互動關係】

將的位置是兄弟姊妹或男性平輩友人，將帥是一對好朋友，雖然感覺很親密，但各自都有自己的主見，卦主比較明理，但將是暴動格，對方情緒張力有時會比較大，因此在應對對方暴動格的這個部分，建議可以多用一些智慧溝通。

包是上司、長輩的位置，帥與傌都可以得到包的好處，所以是卦主的貴人。卒是下屬、晚輩的位置，卒是帥智慧上的貴人，傌也可以得到卒的好處，雖然帥也要付出一些，但相處上還是挺不錯的。

【健康狀態】

暴動的將在卦主的左手邊，所以卦主身體左半邊的能量場今年可能會不太順暢，建議可以多做伸展運動。

年運解說案例四

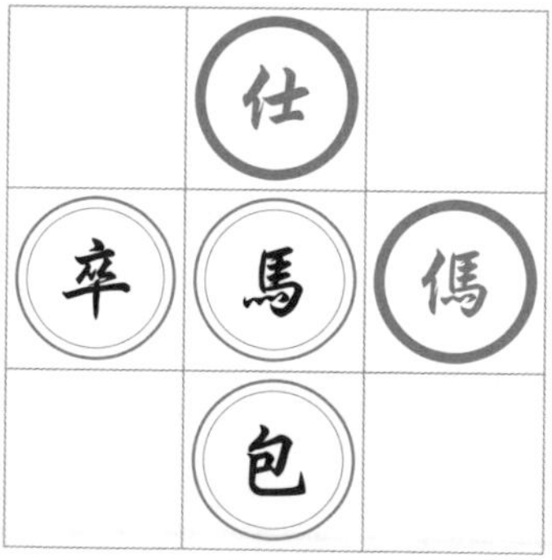

【基本資料】

卦主為單身女性，公司人事主管。

【整體狀態】

今年卦主呈現的狀態是黑馬，會很想有所突破，在外面的時間會比在家的時間多。她是擁有卒、包特質的馬，所以也很務實、踏實，也很想要突破，因為包會想要飛、想要變化。如果能掌握想要變化的善巧（比如創意、點子、投資），倒是能為她帶來不少收穫。因為包會飛上去吃仕，吃到仕也跟功名、考取證照有關。

如果傌把包吃了，這樣一來，仕也會吃掉馬和卒，是被通吃格，代表今年存在一個很大的變數，就像手機被植入病毒，很容易當機，這個病毒很有可能會讓她好不容易擴展得到的收穫，最後全沒了。

這個病毒呈現的方式有很多，但是要記得，這個卦象裡面有破財的變數、被通吃的問題，會有一些人事物示現出破財的情況，只是它是以犯小人的方式、做錯決定或意外等方式讓卦主完全沒有收穫。

所以只是看是誰或什麼事件來演出這因果律的劇本、完成這個被通吃而造成損失的部分而已，卦主不應該去歸咎誰是小人或小心提防身邊每一個人，而應該多提醒自己進而達到避免損失的可能。

【付出與收穫】

包主動的話可以吃仕（得分：60 分）、傌可以吃包與卒（扣分：15＋10＝25分），合計得35分。但包若不積極，則仕就能輕鬆吃掉馬、卒、包，形成被通吃格，導致歸零的局面。

【互動關係】

仕與傌都會吃我們，仕代表長輩、上司，傌代表同輩的男性友人，表示今年卦主會為他們付出比較多心力，也許會吃力不討好，付出還會被嫌棄。包若主動可以得到仕的分數，所以對於長輩、上司，要時時提醒自己主動開口提出要求，有機會可以得到不錯的收穫。

【健康狀態】

因為馬受到仕的威脅，所以關節部分需要留意一下，因為每日都在外界奔波遊走。

年運解說案例五

【基本資料】

卦主為已婚女性，白領上班族，有 2 個小孩。

【整體狀態】

此卦含三種格局，包炮好朋友格也是桃花格，代表今年異性緣不錯，俥、傌、炮是事業格，做什麼都很認真，就像在拚事業，以及一枝獨秀格。一枝獨秀格不受好朋友不互吃的限制，包會吃掉卦主的炮，這代表今年容易犯小人（得罪人）、卡到陰（心神不寧）或因為做錯決定而有金錢的損失。

今年卦主呈現的狀態是紅俥，很有能力也很有衝勁，是帶有兵、炮、傌特質的俥，很務實也很想改變、想要有所作為。有事業格代表她在做很多事情都像在做事業一樣認真，但是四支紅棋一支黑棋讓陰陽不協調，情緒穩定度比較差，容易火氣大，行動力較不高。

包炮隔山屬於正緣，正緣並不侷限於婚姻關係，代表有在一起的緣分（桃花格的判定需要搭配命盤中的十年運勢一起看），但因卦主已婚，若解卦時為夫妻同行，解卦時須要巧妙提醒卦主，避免接受爛桃花（已婚後出現的姻緣就是爛桃花或外遇），以避免家庭失和。

【付出與收穫】

以分數來看，會損失一個炮（扣分：15），而俥與傌都可以得到包的好處（得分：7.5 ＋ 7.5 ＝ 15），整體而言，收穫等於付出。除了俥是靠自己的努力得到好處之外，傌也代表可以透過善巧的言語而得到好處。

【互動關係】

下方的包代表下屬、小孩的位置，它會吃掉卦主的炮，代表今年有可能會為小孩子或下屬付出很多。而上方的炮代表長輩、主管，上方的位置有所損傷，代表有可能因為主管突然交代很多事而勞心勞力。

所以卦象當中，會吃我們的位置與被吃的位置，都代表我們可能要為其代表的對象有所付出或損失。

兵的位置代表同輩女性或兄弟姊妹，傌的位置代表先生、平輩男性朋友，因為跟中間同個顏色，所以沒有吃或被吃的問題，但傌可以得到包的好處，所以先生及身邊平輩男性朋友通常是卦主的貴人，當卦主需要幫忙的時候，只要跟對方開口，就能得到一些協助。

【健康狀態】

因為中間的俥沒有受到威脅，所以僅能看到陰陽不協調，只有一支黑棋代表陰氣不足，可以多踏踏草地。

年運解說案例六

【基本資料】

卦主是男性，軍職退役離婚有小孩、待業中。

【整體狀態】

此卦有困擾格（好朋友格、消耗格），有好朋友代表今年異性緣不錯，同時也可能有姻緣（需再搭配命盤中的十年運運勢一起看），加上他的卒在平輩女性友人的位置，所以今年與異性朋友的關係也很好。

卦主今年是兵，兵兵內在消耗，容易因為想太多，想太多有時候也會影響行動力。他也是有炮特質的兵，很想突破、退役後很想有新的變化，而這個意圖（炮也代表投資）因為可以得到卒的好處，倒是可以帶來一些收穫。

下方的馬會想要吃炮，但不會把炮整個吃掉，因為有一對好朋友，像這種情況，比較容易卡到陰（心神不寧，因為剛退役會惶恐）、犯小人（得罪別人）或因為做錯決定而有一些小損失。

【付出與收穫】

炮會得到卒一半的好處（得分：5），而馬會得到炮一半的好處（扣分：7.5），付出多於收穫。

【互動關係】

兵兵消耗的位置在長輩，所以今年在跟長輩或上司互動時，容易倦怠或感到壓力，因此不會想要主動跟對方交流。炮代表男性平輩朋友，炮可以得到卒的好處，也代表如果有困難，只要跟他們開口，就可以得到一些協助。馬對炮也會造成損傷，馬在小孩的位置，會花較多心力在照顧小孩上，也因此容易讓自己很倦怠、行動力變差。

【健康狀態】

消耗的位置是中間和上面，代表今年可能會明顯感覺到從腰以上到頭的位置，氣血會比較容易阻滯。兵兵消耗也代表腸胃比較弱，退役後的生活壓力大導致胃口差。

透過這些案例，大家對於解年運的流程與脈絡應該都有更進一步的了解，我們一般都是從這樣的結構下去解卦的。主要判斷的是：是否付出大於收穫、是否有損傷或容易犯小人（得罪別人）、卡到陰（心神不寧）、做錯決定而損失等情況，然後根據實際情況進行調整並改進。

象棋卜卦教學
棋卦人生
象棋卜算達人釋正凱
帶你了解
將棋卦的策略融入生活
成為自己命運的大師！
揭露棋卦背後的魅力
不僅僅是策略
還有自己生命的故事！
讓我們帶你進入這神秘的世界！
請私訊釋老師報名
LINE
@GAIAKK777

般若波羅蜜多心经

第九章

每段命盤冥冥中
自有命運的指引

沒錢的時候，把勤捨出去，錢就來了，這叫天道酬勤！

有錢的時候，把錢捨出去，人就來了，這叫財散人聚！

有人的時候，把愛捨出去，事業就來了，這叫博愛領眾！

事業有成後，把智慧捨出去，喜悅就來了，這叫德行天下！

無論多麼捨不得，我們終要學會捨得！

第九章
每段命盤冥冥中自有命運的指引

針對整體命盤的解法，大家可以回顧一下第五章的部分，這裡要帶大家了解如何看一個人的總格，也就是命盤最上面的那一局。

總格的分析與介紹

第一、看我們自己是什麼樣特質的人、擁有什麼樣的性格（自己的顏色）、盤中有沒有出現特殊的格局，這些格局有沒有非我們自己的顏色，比如外在的消耗、外在暴動等情形，顯示我們與周遭的人的因果關係，又是如何相互影響等狀態。

第二、看外在環境及跟身邊的人的互動關係。若與我們相同顏色，可看五行的相生相剋，分析彼此的影響力；若不同顏色，則看收穫與付出。若某個位置可以從我們身上得到好處，或跟我們同色的位置受到損傷，都代表我們會為對方付出、勞心勞力或是損失金錢。

第三、看健康狀態。卦象上對健康造成的影響由大至小依序為：

❶ 中間棋子受威脅最明顯。

❷ 再來是消耗。

❸ 陰陽是否協調。例如出現全紅、全黑、四紅一黑或四黑一紅，都是陰陽不協調，代表整體動能不足、氣血循環差、能量流動不好、情緒不穩定，且行動力很差

❹ 某一項五行屬性過多（三支以上）。

❺ 五行所缺的，相對應的器官系統與健康容易出現問題。

第四、看是否具備天地人格。缺天，天助較少；缺人，人助較少，人際關係與人和需用心；缺地（兵卒），缺乏踏實感、現金留不住。

總格是我們的生命狀態的主結構。比如說，如果我們的總格有通吃格，就代表我們這輩子不管做什麼樣的事情，一開始可能發展得很順利，但最後卻會以失敗收場或無法持久。縱使我們的能力非常好，在做事業的時候運勢也不錯，但仍有歸零（只剩經驗）的狀況。

若總格有一枝獨秀或眾心拱月，唯一不同色的那支代表的是別人看見我們的外顯特質。但因為陰陽不協調，所以容易會有動能不足、行動力差的情形。

若自己的棋子被吃，代表我們會為吃我們的那個角色（不論是吃我們的棋或是我們被吃的棋都算）付出心力，或因為這個角色而讓自己失去應得的，或者因為做錯決定而損失。

若中間的棋可以吃到別人，代表靠自己努力有所收穫。若是其他位置可以吃別人，則是容易透過資源整合或善巧、投資而獲利。若上方④的位置是跟中間同色的馬、傌、包、炮，且可以吃到別人，則代表天生與神明連結、天助所帶來的好運。倘若上方④跟中間不同顏色，且會吃我們或得到我們的好處，代表長輩對我們管得比較多、要求比較多，我們的心情會受到影響。

總格裡有象（相）代表有庫（房產），有兵（卒）代表有現金財，不論是否跟自己同個顏色。

學習格的分析與介紹

總格之後依序是學習格、感情格、事業格，每十年一個階段，第五章有提過，大家也可以直接對照本章圖 6。

學習格代表什麼意思？學習格代表我們這一生在任何學習的時候所呈現的狀態，無論什麼年齡下的學習都算。學習格中若自己有將（帥），表示只聽自己大腦裡的想法，不容易聽進老師上課所教授的內容。有暴動的情形，易有偏執的堅持。學習格中若自己有士（仕）（自以為是）、車（俥）（有自己的想法、價值觀），以上這些狀態都需要自我調整。

若學習格出現犯小人，就容易出現本來的認知常常被推翻或在學習時被打擾等狀況，影響學習成效。若出現分離格，表示學習的過程及內容易與自己的價值觀或想法衝突，因而無法有效地融入進而有所收穫。

學習格也代表我們 11 到 20 歲的運勢，與人相處就不涉及晚輩，因為晚輩的定義是要差十歲以上。自學習格開始，往下的每十年一個運勢中，不管是代表我們的棋子或代表外境的棋子，都可以往上一局吃。如果是被對方的顏色往上吃，就代表會因為某一事件造成虧損。可能會有讀者納悶，都過去了怎麼還會損失？這裡的損失是指過往所累積的金錢、名聲或修為等等。如果是自己的顏色能往回吃，就代表會有很不錯的收穫，以佛教的角度來看，就可以說是你以往所積累的福報兌現。

既然學習格以下的每一局都可以往上吃，那就來看看有什麼需要注意的地方吧：

往上吃的規則

❶ 當你的運勢走到當前這一局的時候，上一局的所有棋子

就都是過往，所以這一局的棋子有機會能夠往上吃，因為下一局還沒發生，所以無法往下吃。

❷ 左②或右③往上吃的要件：若左右兩邊的位置是俥（車），上一局同樣位置如果是不同顏色的棋子，俥（車）就能隔局往上吃。若左右的位置是炮（包），中間須隔著一支棋子才能往上吃。若左右的位置是傌（馬），則必須要能先吃掉上方④的棋子（仍受好朋友或牽制格的影響），才能往上一局吃，且不受上一局的好朋友或牽制格之影響。除了俥、車、傌、馬、炮、包之外，其他棋子在左右兩邊都無法往上吃。

❸ 上④往上吃的要件：不論哪一支棋子只要可以吃掉上方的棋子，皆能往上，不受這局好朋友或牽制格的影響，而上一局的好朋友或牽制格亦不受影響可以吃。

❹ 下⑤往上吃的要件：會受這局好朋友或牽制格的影響，不論哪一支棋子必須要能完全吃掉目前這局的棋子，才能繼續往上一局吃。

釋老師補充

❇ 吃到棋：是指得到該棋子的屬性。

❇ 自己的棋被吃：自己的棋子屬性能量損失。

❇ 自己的傌（馬）或炮（包）隔局吃到士（仕）：出

國讀書深造；自己的傌（馬）或炮（包）隔局被士（仕）吃：官司、因自己或身邊的人易有自以為是的態度做出不對的事或說出不對的話而帶來損傷。

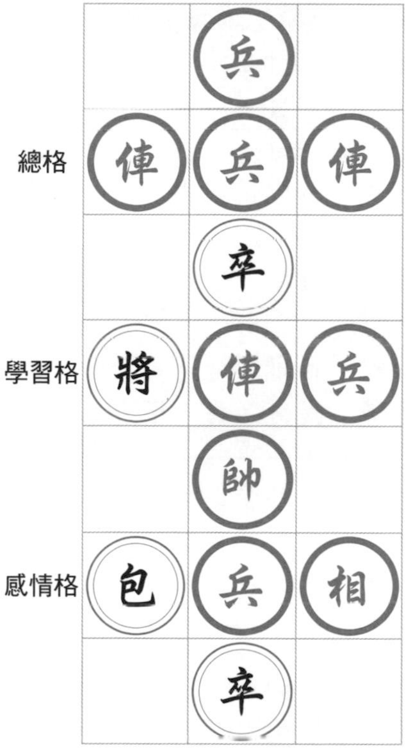

以上面這個卦為例，包不能先吃相再往上吃俥，因為當局有兵卒好朋友，但包可以往上吃俥再往右邊吃俥。

各個棋子吃或被吃所代表的意義

將／帥	● 將帥被吃：自己或身邊的人容易執著、有外在較大的壓力。 ● 吃到將帥：會得到名聲、權力、金錢、實質的收益，或得到較高的成就。
士／仕	● 士仕被吃：紛爭（需要處理人的紛爭、提供意見）、名譽受損、官司。 ● 吃到士仕：名聲、權力、文憑。
象／相	● 被象相吃：造成情緒困擾、心神不寧或錢財上的損失。 ● 吃到象相：置產、學習上的收穫。
車／俥	● 被車俥吃：行車糾紛、車關。 ● 吃到車俥：獲得名聲，權力。
馬／傌	● 馬傌被吃：意外受傷。 ● 自己的馬傌吃對方任何棋子：具有創意點子、善巧、可透過資源整合獲利。
包／炮	● 被包炮吃：卡到陰（心神不寧）、犯小人（得罪別人）、投資失利。 ● 吃到包炮：受人喜歡、增加善巧、為創意點子加分。

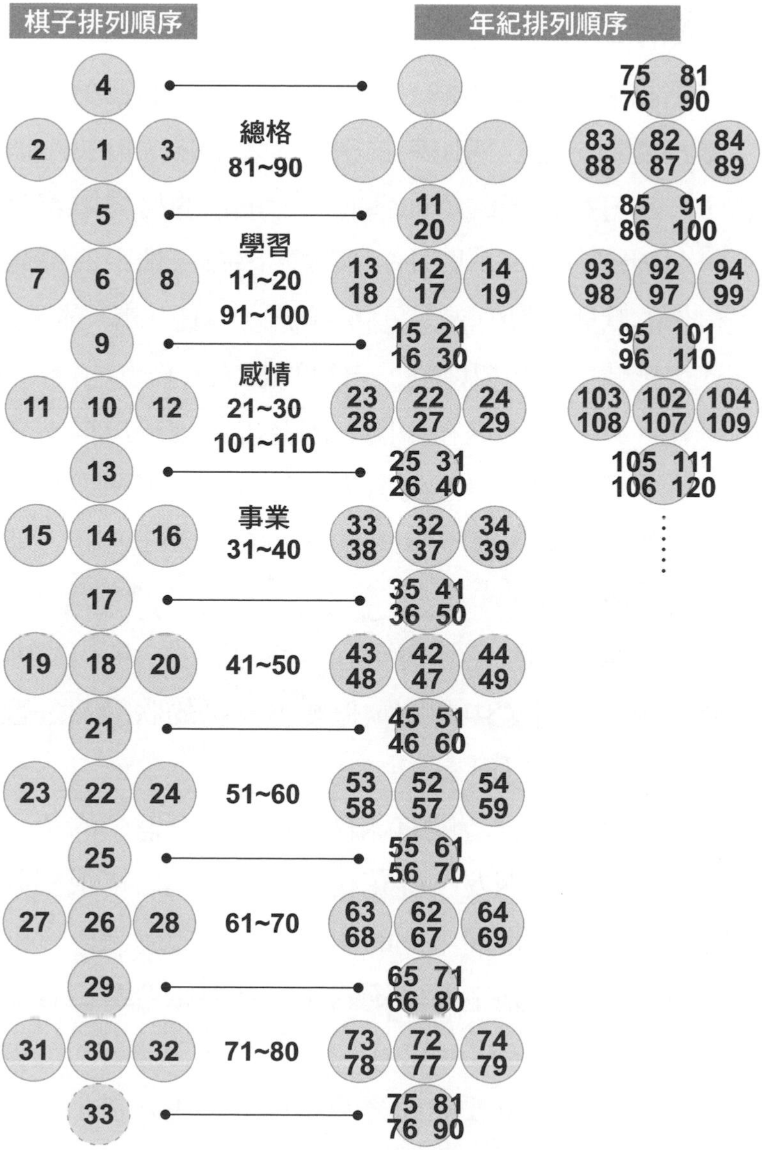

圖 6　命盤與每 10 年運勢示意圖

感情格分析

學習格之後是感情格，也是 21 ～ 30 歲的運勢。感情格不僅指愛情，也包括比較親密的人際關係，例如親情、友情、一起打拚事業的革命情感等。感情的格局中若有馬（傌）斜對或包（炮）隔山為最佳，因為感情中浪漫愉悅是最自然的狀態。若中間①是將、帥、士、仕、車、俥、兵、卒，代表感情中有想要控制、自以為是或太務實的行為。

若馬、傌、包、炮在中間，因為出不去所以得不到好處，代表自己想法浪漫、對對方或這段感情有所期待，但呈現出來的卻是對方很冷漠或與期待有落差，因為馬（傌）吃不到任何棋。

我們一般默認感情是發生在男女之間的，所以同性戀或雙性戀無法從卦象中判定，但雙方互動的狀態及是否能得到好處還是能看得出來。

如果想要看什麼時候有姻緣，可以在命盤中的各十年運勢來看是否有好朋友、桃花格、相鄰的明君格或相鄰的欣賞格來判定。若當局中間的棋子沒有保護會被吃，則代表有生死關。但此判定並非絕對（還是要結合當事者的現況來判斷），因為象棋就只有 32 支棋子，守護神可能會將棋子拿來呈現優先重要的部分及狀況讓卦主知道，以我的經驗來看，涉及婚姻、重要官司、虧損及生死關是會最先突顯出來的部分。

另外，不管在命盤中哪個位置，被炮（包）吃到自己的包（炮）或將（帥），代表容易有三角戀的情況，不論是否在同一局或隔局被吃到，也不管是第幾個被吃到，都算。

事業格分析

感情格之後為事業格，事業格包含工作、事業、志業的狀態，同時也是 31 ～ 40 歲的運勢。通常會依特質、付出與收穫、關係互動、最後格局這樣的順序去解卦。若事業格有分離格，代表做的工作常會與自己的價值觀不同，當然 31 ～ 40 歲這十年除了事業運之外，也包含家人、婚姻等狀況，也都必須謹慎解卦。

這幾個階段就像紫微斗數在提本命宮、父母宮、夫妻宮、福德宮、財帛宮之類的概念，只是象棋占卜沒有那麼複雜，不用記那麼多規則，就可以從卦象中看出一些脈絡。話雖如此，但卦象含意也是有好幾個層面的，不可不慎。

41 歲以後的運勢分析

事業格之後為 41 ～ 50 歲的運勢、51 ～ 60 歲的運勢、

61 ～ 70 歲的運勢，最後一局只有四支棋，要把第一局的第④支擺到這局的最下方的位置，為 71 ～ 80 歲的運勢。如果兵、卒在命盤前幾局已經用盡，晚年出現的將、帥則不以暴君論。81 歲之後的運勢則又從命盤的第一局開始（第一局原為總格，81 歲之後代表 81 ～ 90 歲的 10 年運勢）。81 歲之後的 10 年運勢不受好朋友格、牽制格、明君格不互吃的限制。

命盤中的 10 年運勢與對應歲數如圖 6 所示，圖 6 右邊標示的數字代表年齡，以農曆來計算。中國人的年齡跟外國人的算法不一樣，外國人是一出生開始為 0 歲，但中國人是從母胎就開始算，所以中國人有虛歲和實歲之分，離開母體就算 1 歲。

總格顯現的卦象，就是我們的過去生所帶過來的。總格就像一塊地，如果這塊地土壤肥沃，是個良田，擁有豐沛的水源，在生長條件全部俱足之下，我們所種下去的種子就能開花並且結成豐收的稻穗，所有條件都缺一不可，這就是佛教所說的因緣俱足且福報很好。

假設你五支棋都是黑棋或都是紅棋，完全只有陰或只有陽，孤陰不生、獨陽不長，因緣不俱足。如果四支黑棋或四支紅棋，陰陽不協調又如何解釋？就如同乾涸的土壤，本來一畝良田可以種出豐盛的糧食，但因為水分不夠或日照不充足，最後只能結出不到一半的稻穗，就像萬事俱足、只欠東風的遺憾一樣。

假設你本身條件已經不夠充足，加上自以為是、個性衝動、又容易自我消耗等因素，代表你的某些營養素不足造成土壤貧瘠或是外來毒素影響下，就會在結穗上大打折扣。

如果是被通吃，就像好不容易發芽了，但最後仍然無法受精結不了稻穗。如果是把別人通吃，就是生長得不錯、結實累累，客戶預購的訂單都排滿了，但是最後發現灌溉的水受到污染，導致稻穗都不能吃、不能賣，這就是通吃別人最後也是悔恨的果報。

如果你的結構中間是馬、傌、包、炮，你很想有所擴展卻無法擴展出去，吃不到對方的棋子，事與願違、有志難伸。就像你好不容易種了很多稻苗，但是由於土壤底下都是碎石頭，根無法向下伸展吸收養分，導致無法收穫。讓我想到《寒窯賦》有一句話是這麼說的：「人有沖天之志，非運不能自通。」追根究柢，想要收穫還是要在我們自己的福報中多加用功。

知命方能改命

總格如同我們要耕種的大地，也就是天生的命，再好的稻苗、再好的栽種方式、再好的生長條件，想要好的收成最終還是要靠土地本身的資質才行。總格的部分是影響我們一生最重要的關鍵，而性格決定命運、決定格局。

命盤中的運勢，就如同後天耕種的種種條件，例如好種子的取得、栽種的方式、氣候是否適宜、有沒有病蟲害、有沒有天災人禍等等。

倘若一個人的總格很好，但運勢不佳（即過去的冤親債主太多，那些過去被你傷害過的有情眾生前來向你索債，祂們不想看到你過得太舒服），就像有很多人能力真的很好，但如果後天不努力，雖然土地肥沃，但是耕種的方式不對或受外在因素如氣候異常、出現病蟲害等狀況影響，也會導致作物欠收。

那如果總格不好呢？總格不好還是有補救的機會，也就是我前面提過的，可以用發願為眾生服務的方式來改變，但前提是你真的要去幫助他人。我雖然沒有擁有乩童那樣的神通，但我仍然相信上天是會眷顧我們的。只要心念跟見地充足，願意為改變自己的命運而去努力，即便總格不好，我們還是可以透過世間許多的修行方法，讓我們原本貧瘠的土壤肥沃起來。學習世間的智慧、知識就是補救的方式，再加上向佛菩薩祈願幫助過去生那些曾經遭受你傷害的眾生，用懺悔的方式祈求那些眾生能夠原諒你，那你未來在行走的時候就會很平順，也比較少障礙，不會再有阻力妨礙你耕耘你的土地。

不論看到的總格是好還是不好，我們這些學習卜卦的人都應該要用正面的言語鼓勵對方去改變。所以其實算命卜卦是很好的工具，我們用智慧的言語，就能夠幫助他人改變、幫助他人趨吉避凶。當然我們無法干涉別人的因果，所以我們要用智慧的方式鼓舞他們，讓他們前進。遇到好命的人我們也要告訴他，你雖然命很好，但你要更加努力，不要單純只享福做好命人，而是要做個有貢獻、有價值的人。

我很喜歡卜卦，也希望用卜卦的方式去幫助到更多的人。佛法裡有一種度化眾生的方法叫「四攝法」，就是以布施、愛語、利行、同事這四種方法來攝受（即教化引導）眾生。四攝法門是菩薩度眾時的權巧方便，視眾生根器、喜好的不同，讓對方能夠轉迷成悟。比方說，我布施給你，讓你產生好感（布施）；我對人讚美，讓人歡喜和我相處（愛語）；我給人種種利行，給人方便（利行）；我以同理心與你相處，得到你的信任（同事）。如此就能引渡對方接觸佛法，這也是善巧及累積福報的方式。

我在分享卜卦的過程中，陪伴著大家步步為營，其實也有一個私心，除了希望用簡單的方式幫助大家改變自己的命運外，也希望讓善能循環，而不是讓大家受到外界一些錯誤的觀念與作法的引導，例如認為改運、祭改、捐獻等方式就能消除業力，不僅影響我們的生活，更斷送了我們的法身慧命。

所以在解命盤的時候，不要覺得好像很可怕，也不要帶著擔心恐懼的心情，很多人會問我：「如果都不要算命，是不是就沒有這些恐懼了？」我記得我的老師是這樣回答我的：「這樣說也沒錯，但是風險比較大。知道了就能改，不知道的話想改也改不了，不是嗎？」因為知道自己的問題在哪裡、有哪裡不好，總贏過什麼都不知道。所有不好的狀態都只是讓我們看見、讓我們有機會改進，這不是很好嗎？

接下來我們還是回到卜卦這個主題，我發現用舉例的方式能讓大部分的人都能聽得懂象棋占卜，而且在幫人釐清命盤時也更簡單，不會讓人覺得沉重，也不會讓人認為命盤上有缺點是很嚴重、無法改變的既定事實。即使命盤上有缺點我們也都能透過發願跟懺悔的方式來改良這塊有缺陷的地，調整外在環境條件，讓每個人都能順利結出好的果實來。現在我們再來看一下幾個命盤的範例。

命盤解說範例一

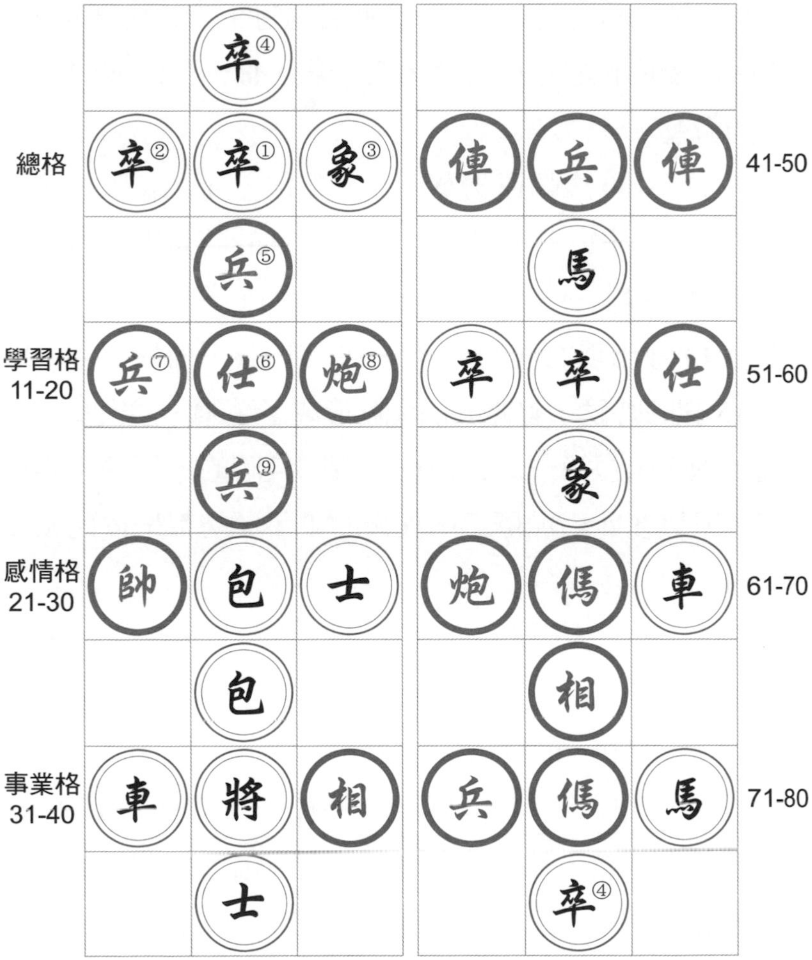

【概述】

卦主為 30 歲男性，身材偏瘦弱，未婚。

第一局也是所謂的總格，代表我們一生的主結構，解法跟解年運的概念是一樣的，後面就是每十年的整體運勢。所以你的總命格好不好就要看第一局，你一生的運便是看之後的命盤。

以 11 ～ 20 歲的運勢為例，雖然這一局代表學習格，同時也是 11 到 20 歲的整體狀態。11 歲的時候出現兵（第一局⑤的位置）→ 12 歲仕才出現⑥→ 13 歲左邊的兵才出現⑦→ 14 歲出現右邊的炮⑧→ 15 歲出現下面的兵⑨，所以到 15 歲的時候，整體的磁場就形成了（①～⑨表示棋子出現的順序，跟第一局總格或單獨問卦時的出現順序略有不同，所以在此稍加標示，往後的十年運勢都是按此順序擺放的）。

到 15 歲之後，16 歲再從下面的兵⑨開始往回倒→ 17 歲回來仕⑥→ 18 歲是左邊的兵⑦→ 19 歲是右邊的炮⑧→ 20 歲回到上面的兵⑤。

下個 10 年再進入新的格局。同樣，21 歲是上面的兵，22 歲是中間的包，然後接著是帥、士、包，25 歲就籠罩在這樣的磁場中。

【命盤特質】

總格為四黑一紅的一枝獨秀格，陰陽比例失調，一支獨秀格會在外在呈現唯一一支的特質，也就是兵，因為兵代表一步一腳印，在別人眼中卦主為人很踏實、很務實。

他也是三人同心的黑卒，三人同心的格局有個特質，通常都可以把事情做得很好，也非常專注。因為這些位置上的人容易跟他同心，包括他的長輩、上司主管、身邊女性友人和未來的太太，跟卦主都有不錯的緣分，相處起來也能同心。

卦主是擁有黑象特質的黑卒，象代表修行，因為天生好運會帶來一些機緣，跟修行、宗教很有緣分，所以可以在宗教上面多付出一點時間，未來會更有好運、貴人也會多。象屬火，所以他也有與生俱來的熱情，但缺點是比較不積極。

【互動關係】

跟身邊的人的關係，因為有卒的三人同心，所以跟上方的父母、長輩與左邊的同輩女性容易同心，彼此關係踏實穩定，只是三支卒又形成了消耗格，三者之間相處可能會想太多、不太會積極去互動，可以多些熱情來化解。

右邊的象代表平輩男性或兄弟姊妹。象跟修行或學習有關，象與卒同顏色，從五行的相生相剋來看，象屬火、卒屬土，火能生土，所以身邊男性友人會主動想要幫助他，屬於站在同一陣線，但卒對象的幫助不大。

紅兵是晚輩或下屬，這一局如果沒有這支兵，整局就全是黑棋，所以這支兵的存在很重要，中間的卒和下方的兵形成好朋友的格局。如果他未來結婚的話，生小孩是好緣分的（如果是女性總格，可以看出第一胎應該是女兒）。卦主未婚，所以現在他的下屬是他的貴人，因為他們對他的陰陽調節是有幫助的，他與下屬或晚輩相處起來反而更愉快。

而上方的卒和下方的兵形成了分離格，他和父母或他和小孩之間的緣分較淺，容易聚少離多，有時候是跟主管或下屬有意見上的分歧（兵卒代表金錢觀、價值觀），自己在中間也很為難，彼此保持距離會比較好。

【健康狀態】

屬土的棋子有四支，土過旺，所以腸胃的消化功能會比較弱，從小胃口就差，導致身材偏瘦弱；陰盛陽衰，建議多曬太陽，調節身心，能有效幫助情緒穩定。五行裡缺金、木、水，表示肺、大腸、肝膽、腎臟這些地方需要注意，可以補充維他命或多運動以補強狀態。

【天地人格】

總格裡有兵卒表示帶現金，象代表修行及不動產，過去生帶來福報與財庫。象是天格，兵卒屬地格，天地人格中缺少人格，代表人助稍微少一點，在與人的溝通上要多加訓練。

【學習格與 11 ～ 20 歲運勢】

學習格雖然有五支紅棋，但第一，他有仕、有文昌，代表很會讀書；第二，他有三人同心，所以可以學得很好；第三，上面的紅兵可以往上局吃，所以他不管要學什麼，都可以輕鬆就有收穫。只是五支都紅的，在學習上難免心情悶悶的。我的小孩學習格也是全紅，就容易有太用心、太忘我的狀態。學習的運勢方面，因為總格帶象，所以做什麼都有好運氣。

【感情格與 21 ～ 30 歲運勢】

帥與包相鄰是偏桃花的格局，所以異性緣特別好，有偏桃花的狀態。偏桃花就是看得到但吃不到。包雖然在中間，但可以往上飛出去吃仕，代表容易追得到心儀的對象。兩支包包消耗，代表在情感上他的內在會有較多的擔憂恐懼。運勢方面，下方的包可以吃兵，建議可以學習投資，運氣會很不錯，他從 22 歲開始走包，學習投資賺錢運會很不錯。假設中間的包不飛出去，帥可以吃掉中間的包，就代表會有生死關卡及危險，但總格帶象，總會有好運傍身躲過災難。在健康部分，因為兩個包消耗，包跟腎臟有關，帥對包也有影響，所以身體健康尤其飲食要特別注意。

上述這些造成感情問題、健康有疑慮的地方，可以多行布施或向佛菩薩祈願來獲得解決。

【事業格與 31 ～ 40 歲運勢】

這一局裡有將、士、相富貴格，所以當他想做一些事的時候，無疑都會有人自動協助。他是中間的將，在做事上有將軍的霸氣，也是擁有士與車特質的將軍，代表他能力很強，而且包代表很聰明，但黑將沒有看到兵是暴動格，相對氣勢會很強也非常想掌控一切，讓身邊的人很有壓力，是一個很不穩定的狀態。

這十年格局是一枝獨秀，不能吃唯一的相，所以不會有通吃的情形。四黑一紅，陰陽不協調，做事業有時候因為自己「太想要有成就、太想要成功、太想證明自己」的念頭，成為自己主要的壓力來源，所以心情並不快樂。上方的包可以飛上去吃兵，表示投資的專業及運氣很好。32 歲走到將，所以情緒起伏會比較大，將的特質也會完全表現出來，當然個人的魅力與成就也會慢慢出來。33 歲的時候走到車，車可以往上吃掉全部的紅棋，這時運氣非常好，可以賺很多錢，也就是過去生的福報開始兌現。

這裡要提醒讀者，如果算到像卦主這樣的卦象時，建議將賺到的錢多做布施，這樣可以累積更多的福報在未來兌現。

【41～50歲運勢】

這局有十字天助格，中間的兵可以往上吃一片，兵很務實、一步一腳印，兵可以吃士，代表在名聲、文昌（取得證照等）方面會有一些成就。他是有兩支俥的兵，在這個時候氣勢會很強，嘴巴很會唸，性格也很衝動，還有兩支俥的消耗格，但俥俥分離所以比較不嚴重。45歲的時候出現馬，兩支俥有兵保護，所以馬只能得到俥的好處。如果兵跑上去吃士，黑馬就有機會吃掉左右兩邊的俥，在工作賺錢的時候，會因犯小人（因言語得罪別人）而有金錢方面的虧損，或者會因為下屬（晚輩）、同輩（朋友）、妻子等角色，給他帶來一些損失，因為黑馬可以吃左右兩邊的俥。

健康方面，因為工作與壓力的關係，卦主會經常飲酒，所以肝膽方面需要特別注意。

遇到像上述一樣的情況，有小人造成我們損失錢財的話，如果我們的錢真的必須要流出去，不如讓它流到更好的地方，所以我通常會建議卦主把之前賺到的錢，拿去捐款布施以積累更多福報。

【51～60歲運勢】

這一局是四黑一紅，紅仕是唯一不同顏色的棋，為一枝獨秀格，卒卒消耗，左邊的卒能保護中間的卒不被紅仕給吃了。左邊卒是妻子的位置，因為之前過於強勢，積累兩人的不開心，有時候會跟太太互相看不過去，但不管如何，太太此時是卦主的貴人。上方的黑馬可以往上吃兩支俥，收穫不錯，一輩子都有賺錢的好運，更呼應了象在總格的好運。

54 歲走到了右邊的仕，卒開始感受到壓力，但卒也可以得到仕的好處，所以在學習（專業成就）上會有不錯的成就。兩支卒在一起，因為年紀漸長，會有消耗，比較懶一點，容易想太多，卦主一生都需要留意腸胃的部分。

【61 ～ 70 歲運勢】

這一局有車、傌、炮事業格，事業格代表一種氣勢，他是中間的傌，只要中間出現馬（傌），這個階段會有一個狀況，就是因為工作待在外面的時間會比在家裡長，也因為年紀大了比較喜歡管閒事，此時也因為傌在中間，有想要突破但卻沒有方向的困擾，傌在中間走不出去也吃不到任何棋。右邊的車會往上吃，代表他身邊男性友人容易讓他有所虧損，例如邀約投資或幫人背書，這時千萬不要答應，這不算是小人（非傌炮），比較像是對方熱心請他去做什麼投資或決策，但最後會以虧錢收場。象相分離格，代表與長輩或晚輩的緣分較淺，或是有長輩辭世。健康方面，因為傌受車、象的威脅，也因為長年奔波在外，所以關節比較弱，但傌不會被吃掉，因為下面的相會保護他，卦主又因為相而得福。

【71～80歲運勢】

這一局中間也是傌，在年紀大的時候都是在為人服務，右邊的馬會往上吃一排，年紀大也比較容易卡到陰（心神不寧）進而造成損失，而且若右邊黑馬吃掉相與兵，下方的卒就會把中間的傌給吃了，最後就會有生死關的問題出現。

命盤解說範例二

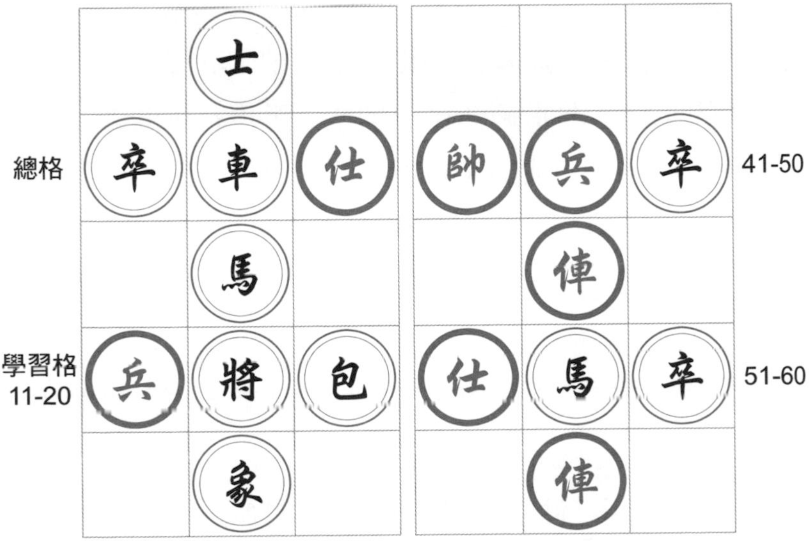

【概述】

卦主為 20 歲單身女性。

【命盤特質】

總格裡有仕、車欣賞格（特殊親密關係格）以及士、仕斜對，都代表人際關係不錯。她是中間的黑車，車是屬於人格的上格，非常適合自己創業，黑車在中間顯示會有二次離婚的機率。她是帶有士特質的車，與生俱來就帶文昌（會讀書）和權力，很有領導魅力，未來會帶領一群人。車和士代表有自以為是的想法，但這種想法對於探索未來有很大的幫助，但有時候也會產生一些障礙，比如容易鑽牛角尖或得理不饒人等等，所以會建議卦主可以更開放地去聽取他人的意見，把這些意見為己所用，對她在人際上或在做決定時會有很大的幫助。總格整體看來，她的能力是很棒的。

總格也為四黑一紅的一枝獨秀格，陰陽比例失調，一支獨秀格會在外在呈現唯一一支的特質，也就是仕，仕代表文昌（會讀書）和權力，在別人眼中，卦主非常有能力但也有自己的主見。

【互動關係】

士在長輩的位置，有欣賞格代表跟父母、上司關係會不錯。卒是平輩女性朋友或兄弟姊妹，可以得到車的好處及幫助卦主，對平輩女性朋友也很有影響力，所以是互利互惠的關係。仕是身邊的男性平輩友人或未來的先生，能力也非常好，也相互欣賞，仕五行屬金、車五行屬木，金剋木，所以男性平輩友人或未來的先生對她非常有影響力。下方的馬是晚輩、下屬或未來的子女，馬能得到仕的好處。受到士的影響，車也可以得到馬的好回應。

【健康狀態】

總格裡除了陰陽不協調之外，也缺水和火，缺水表示腎臟及婦科會稍微弱一點，缺火代表心臟也會稍微弱一點，建議背部多曬曬太陽以補陽氣之不足。

【天地人格】

這個命盤裡天地人格都具備，是難得一見的好命格，但車在中間表示比較有個性，在教育方面需要多溝通（女性的總格中，可從位置⑤看出第一胎是與自己同色的兒子）。

【學習格與 11～20 歲運勢】

學習的狀態裡，四黑一紅為一枝獨秀，陰陽不協調，學習過程會悶悶不樂。但上方的馬可以往上吃仕，代表只要她想要，是可以輕鬆考取學位或證照的。她是中間的將，遇到兵所以是明君，代表學習能力非常好，她也帶有象好運的特質，象因為有天生好運的關係，有時候會比較放鬆不積極。

【感情格與 21～30 歲運勢】

這一局是眾星拱月格，四支黑棋包圍一支紅炮，屬於陰陽不協調的鬱卒個性，因此在處理感情的時候，其實還是悶悶地、不擅處理，但是她的炮可以飛上去吃將，是桃花格（屬於正緣），只要她想要，是可以跟心儀對象在一起的，只是有時候會比較悶。炮跟恐懼有關，在感情相處上，會有不擅長或是恐懼的狀態，當然也來自於總格車的性格。另包炮上下相鄰也是偏桃花格。運勢部分，中間的炮可以吃將，代表可以透過自己擁有創意的學習能力，去投資賺錢會有很好的收穫，所以學習如何投資對她來說很不錯。車會往上吃兵，代表身邊的女性友人、兄弟姊妹可能會找她去做一些投資，然後有一點錢財虧損。由於兵的影響不大，所以當作人生的一個經驗也不錯。在健康部分，炮也會感受到四周對它的威脅，所以婦科及腎臟要特別注意（女性容易憋尿，建議多喝水）。

【事業格與 31 ～ 40 歲運勢】

這是一個勝利格，加上外界的三人同心，代表外在的環境條件已經俱足。她是中間的象，象的賺錢運勢很不錯，所以非常適合從事理財投資（房地產相關）。象也跟修行有關，所以在事業上多做一些利益眾生的事，會讓自己更有福報。上面的包會吃兵，能保護到象，代表會靠投資賺到錢。雖然象也受到左右及下方兵的威脅，但主動一點還是能獲得兵的好處，相抵之下收穫還是大於付出的。

【41 ～ 50 歲運勢】

這一局有破壞格（內在消耗）和帥看不到卒的暴動格（沒有相鄰），跟長輩的緣分比較淺，容易有一些意見不合的小衝突，這個消耗會因為暴動格而更為激烈一點，也會有自己想太多的情形。但兵卒一對好朋友，跟先生的相處上還不錯。如果跟長輩相處或住在一起容易產生摩擦，建議住離遠一點，偶爾見面反而感情好。

【51 ～ 60 歲運勢】

這一局中間的馬出不去，仕和俥會想要得到馬，工作壓力來自於上司、平輩與下屬。馬在中間表示她在外面的時間會比在家裡多，而且馬在中間也難免心情鬱悶、有志難伸，馬受威脅所以關節會比較不好。

【61～70 歲運勢】

這一局為士俥欣賞格，跟長輩緣分不錯。俥會往上吃馬，如果在這階段創業，代表損失來自於創業失利（俥大部分跟創業有關），或是因為長輩生病或醫藥費用讓她損失了一些錢。一般來講這兩種情形都可能發生，只是比例多少的問題而已。士可以吃俥、炮和相，所以有通吃格的狀態，表示有可能一開始發展地還不錯，但最後會歸零重新開始，這也是特別需要注意的地方。

【71～80 歲運勢】

為黑士在外的一枝獨秀格，黑士可以通吃其他棋子（黑士很兇，尤其在一枝獨秀格時反蝕力道很強），所以 75 歲的時候被士吃到傌這部分通常是意外受傷加上年紀大而造成的死亡。

命盤解說範例三

		兵					
總格	相	車	仕	卒	象	俥	41-50

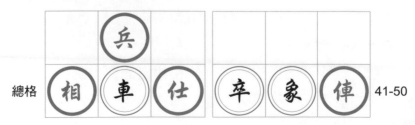

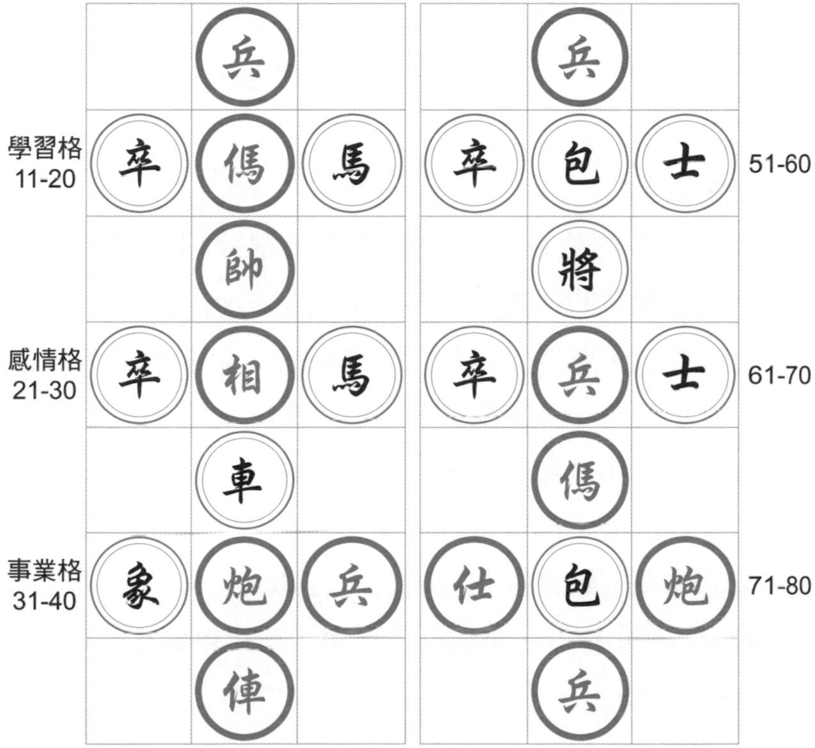

【概述】

此命盤的卦主為 27 歲的未婚女性。

【命盤特質】

她的總格裡有仕車欣賞格，代表人際關係不錯，她是中間的黑車，車是人格的上格，車很適合做自己的事業，黑車在中間也代表會有一次離婚的機率。

車有時候會比較自以為是，這種態度對於探索生命會有一些幫助，但也會有一些障礙，所以更應該去聽取更多人的意見，對她會有幫助。有能力但是眼光稍微高一點。整體來看，她的能力是不錯的。

【互動關係】

仕在先生的位置，有欣賞格代表跟伴侶的關係會不錯。長輩跟晚輩的位置都是兵，兵可以得到車的好處，車也可以吃掉兵，所以是互利互惠的關係。紅兵消耗格的位置也在長輩晚輩，卦主跟長輩或晚輩的互動會有點意興闌珊、沒動力。仕是身邊的男性平輩或未來的先生，能力都不錯，仕五行屬金、車五行屬木，金剋木，所以男性平輩或未來的先生對她會很有影響力。紅相是平輩女性或兄弟姊妹的位置，相會得到車的好處，車也可以得到相的好處，收穫大於付出。

【健康狀態】

總格裡缺水，所以腎臟或婦科會稍微弱一點。陰陽不協調，陽勝於陰，建議可多親近大自然，赤腳多踩草地。

【天地人格】

這個命盤裡天地人格都具備，是很難得見到的好命格，但車在中間比較有性格，在教育方面需要多溝通（女性總格中，⑤號位置可看出第一胎是與自己不同色的兒子）。

【學習格與 11 ～ 20 歲運勢】

學習的狀態裡，紅傌在中間，很想學習但都沒有效率及方向，理想與現實有落差，腦袋的想法是紅兵，很務實可以往上吃車，代表她如果想要謀什麼學位或考什麼證照，只要願意去做都是可以辦到的。學習的過程中人緣也不錯，兩對好朋友的格局，偶爾會有一些決定上的困擾。

【感情格與 21 ～ 30 歲運勢】

這一局是勝利格，對卦主來說，交朋友或交男朋友都很輕鬆容易。人際互動上行動力差，如果主動一點，交際應酬應是輕而易舉，只是自己願不願意而已。運勢的部分相可以把馬、卒、車都吃掉，收穫大於付出，這十年要注意一開始可能很好，但發展到最後有可能會面臨重來的局面。馬的位置會得到帥的好處，也容易有犯小人的問題。

【事業格與 31 ～ 40 歲運勢】

她是中間的炮，飛不出去也無法吃到任何棋。炮也代表心中多擔憂，工作時呈現恐懼的狀態，壓力來自主管上司及女性同事，車俥分離格，工作成效與自己的預期有落差。工作事業上付出大於收穫。

【41 ～ 50 歲運勢】

她是中間的象，象很有賺錢的好運勢，可以專注在理財投資方面。這一局有通吃格以及長輩和伴侶位置的消耗格，容易有一些衝突，也因為這樣情緒起伏較大，內心戲不少。建議雙方保持距離感情會比較融洽。

【51～60歲運勢】

她是中間的包飛不出去沒得吃。這個卦象呈現的是陰陽不協調。將軍見不到紅兵無法成為明君，因此情緒管理比較差、會有一些偏執想法。帶黑士特質的包很有能力，但是想突破卻突破不了。生命動能比較不足。上面的紅兵可以往上吃象跟卒，會因為長輩的關係有所損失。

【61～70歲運勢】

有一對兵卒好朋友而且有明君，這時的狀態呈現穩重大器。會因為自己的善巧聰明而有很多的收穫。紅傌往上吃能得到士、將還有卒的好處，屬於大器晚成的格局。黑雨傘格有天助，雖然心情悶悶的。

【71～80歲運勢】

中間是包，屬於恐懼。又因為眾星拱月壓力特別大，建議可多親近大自然，赤腳多踩草地。要注意內分泌、腎臟方面的健康狀況。

命盤解説範例四

		卒					
總格	將	帥	馬	兵	傌	象	41-50
		仕			兵		
學習格 11-20	象	車	兵	包	卒	炮	51-60
		馬			俥		
感情格 21-30	士	相	卒	車	士	俥	61-70
		卒			仕		
事業格 31-40	兵	相	兵	包	卒	炮	71-80
		傌			卒		

【概述】

此命盤的卦主為 29 歲的未婚男性。

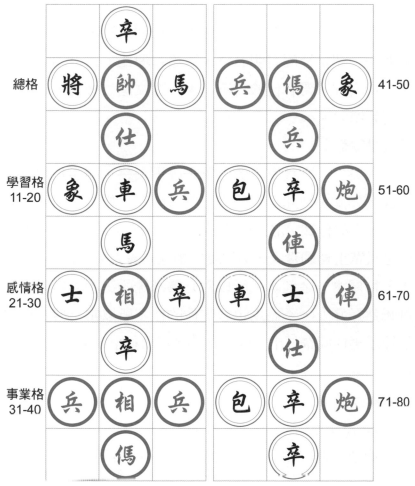

【命盤特質】

他是帥，帥是天上天，領袖、君王。喜歡領導別人發號施令。黑雨傘格有天助，做事常常別人不看好，心情會悶悶的。總格裡面有明君格，情緒管理佳，做事的決定也都合情合理。帶有仕的特質，天生帶文昌、權力，有能力又有領導力。

【互動關係】

與妻子、女性友人的位置是好朋友格，能力也很好，也因為如此，彼此互相想掌控對方而互不相讓。卒是上方長輩上司的位置，常為長輩上司付出，帥見到卒為明君格，雖是長輩上司的貴人，不如說是相互的貴人。帥五行屬金，馬五行屬木，金剋木，所以對兄弟姊妹的影響力很大。將帥雖然是好友，不過馬也會吃他的仕，所以常常要為兄弟姊妹或男性同輩付出，也因為這樣容易犯小人（得罪別人）或卡到陰（心神不寧）。

【健康狀態】

缺水、火。缺水的話代表內分泌比較差。缺火的話，心血管稍微弱一點。屬金的部分太多，肺或呼吸系統要特別注意。

【天地人格】

這個命盤裡天地人格都具備，是很難得見到的好命格，唯獨帥的性格太想掌控，建議可以多聆聽參考他人的意見。

【學習格與 11 ～ 20 歲運勢】

學習的狀態裡面卦主是一支車，學習很有行動力也很有自己的想法，也因為這樣，學習很有效率也很有收穫。可以因為自己的聰明才智輕鬆在學習上取得成就，考證照、學位也都很容易。有車仕特殊親密關係互為欣賞，這十年的運勢與人緣不錯，有象表示這時期也相當好運。

【感情格與 21 ～ 30 歲運勢】

這一局是眾星拱月格，四支黑棋包圍著一支紅相，所以在人際關係上情緒起伏比較大，壓力也比較大，不容易快樂。這個卦象陰陽不協調，所以懶得跟人互動。對伴侶有求必應，對朋友也都很好。

【事業格與 31 ～ 40 歲運勢】

相跟修行有關，做事業的時候會有好運，所以很適合在工作或事業上多做一些利益眾生的事情。卒會往上吃到相，所以會因為長輩或上司的關係有損失或是做錯決定而損失。

四紅一黑的格局為陰陽不協調，加上卦主的事業格主相，想到要工作就提不起勁。自己的想法太多、行動力較弱。唯一一支黑色的棋在長輩跟上司的位置，這一支黑棋顯得特別重要，因為這一支黑棋才能讓他這一局有動能，所以在工作或事業上多請教長輩、上司或主管，會有蠻大的幫助。

【41～50 歲運勢】

傌在中間出不去，象會得到傌的好處，這 10 年整體而言付出大於收穫。兩個紅傌的消耗格加上兩個紅兵的消耗格，自己的方向、方法不確定，想太多且行動力差。很渴望有作為但都無法成局。

【51～60 歲運勢】

這一局有兵卒加上包炮兩個好朋友格，是為困擾格（包炮為人情上的困擾，兵卒為金錢上的困擾），自己是卒所以一步一腳印都會有收穫，再加上黑包飛出去有得吃，投資是個不錯的選擇。俥在下方雖然有好朋友不會吃卒，但也會得到卒的好處，代表要為小孩或下屬付出許多。

【61～70 歲運勢】

士仕一對好朋友，晚年帶名聲、帶權，上司主管或男性平輩都很欣賞卦主，不過他們各有主見，互不相讓（有士仕車俥困擾及俥俥車的破壞）。若有摩擦，建議彼此保持一點距離。

【71～80 歲運勢】

自己卒的消耗格，容易想太多，也會因為長輩上司的關係有所損失。

各位讀者會發現，我在第一個命盤講解時非常細緻，直到第三個命盤解析開始慢慢減少，是因為要讓讀者能夠依照第一個命盤來做練習，以加強自己獨立解盤的能力，當然未來仍有許多個案，到時我會把一些比較特別的案例，再出一本專門解盤的專輯以供各位讀者一同學習。

我們了解自己的生命結構有一個好處，當我們知道氣勢好的時候，就可以好好努力地衝；當運勢不好的時候就謹慎一點，這也是批命盤為我們帶來最大的價值。卜卦的目的不是給我們一個無形的框架，限制我們什麼事能做、什麼事不能做，而是幫助我們去思考和理解。如果我們都能了解自己的運勢走向再搭配一套能帶領我們走出迷惘的工具，往後這一條名為人生的旅途上，我們就能踏實走好每一步，並走出自己的康莊大道。

般若波羅蜜多心經

第十章

從問卦的實踐中
明白棋卦的哲學

看盡眾生福禍冷暖，眾生與我有何差別？

短短數十寒暑，不過迷悟之間，

人生旅途中如果知道目的地，誰能阻擋你到達終點？

終點不過讓心再乾淨點、再善良一點。

第十章
從問卦的實踐中明白棋卦的哲學

當有一位眾生要來請問我們問題，我們要如何透過卦象給予對方有參考性的答案與建議呢？

卦象是透過棋子呈現即將發生亦或是當下的狀態，不僅僅是看收穫與付出的比例，如何提問才是重要的關鍵。不要為難我們的守護神，釐清問題的方向，問得越精準，卦象解起來越輕鬆，我們就來看幾個例子。

一、問是否卡到陰或犯小人

當有人問：「我有沒有（或會不會）卡到陰或犯小人（得罪別人）？」如果有的話，我們當然要給他一個「有卡到陰的卦」，那怎麼樣的卦表示有卡到陰？就是包（炮）或是馬（傌）會吃到我們自己的棋子，就代表有卡到陰或犯小人的情況。

二、問姻緣

當有人問：「他是不是我的正緣？」如果是的話，我們也會給他一個代表「正緣」的卦，那什麼卦是正緣？如果有好朋友格、包帥隔山或是炮將隔山，就代表有正緣，但正緣不一定就是好姻緣，有結婚的緣分才能叫正緣。

在命盤的十年運勢中，除了上述的桃花格代表正緣，偏桃花代表有情愫關係，如果也出現好朋友、相鄰的明君格、相鄰的士俥或仕車欣賞格也代表是正緣，是可以結婚的緣分。

如果相鄰的明君格不算結婚的緣分，則是互為貴人；若是好人緣（斜對的好朋友，非馬傌）也算有機會，但需要自己多加努力有所作為。

三、問工作

若有人問：「做這份工作適不適合？」假設這件工作適合他，能夠讓他學習成長或賺到錢，我們可能會給他好朋友格、（相鄰的）明君格或收穫大於付出的卦。如果工作適合但有些缺點，例如可能會有同事找他麻煩，我們可能除了好朋友格之外，平輩的部分也會出現外在暴動。如果這份工作有很多地方需要再努力，即便努力也同酬不同工，我們可能就給他付出大於收穫的卦。

說到適不適合，不能只看收穫，因為有可能會牽涉到心情的問題。例如交往的兩人在問這份感情適不適合，卦象顯示有情愛、欲望，但是會因為常常吵架而心情鬱卒，那這樣還算不算適合？所以解卦時要針對各種狀態來判斷，至於適不適合就由卦主自己來決定。

四、問會不會成交

有很多人找我卜卦，問說：「我談這筆生意會不會成交？」那我們又要如何透過卦象來表示呢？

如果是出現這幾種卦象，表示根本就動不了，卦象包含沒有好朋友、五支全黑或五支全紅、每支棋子都不能動的牽制格、包、炮、馬、傌在中間的眾星拱月格，這些都是很難成交的。

那什麼卦象表示會成交？通常有三種卦象。第一種卦象是：別人吃我，不僅僅是得到好處，還要能完全地吃到一支或以上，即使被通吃也算，這裡就不論歸零。唯一一支不同色的包（炮）或馬（傌）吃我，也代表會成交，這裡也不論卡到陰或犯小人，對方吃我們的棋就代表想購買，因為這裡單純問會不會成交，亦或是我們能吃到對方完整的棋都算會成交。

如果有人在問「是否會成交」這個問題，我們給的答案只須跟這個問題有關就行，不要去看額外的狀態，比如是否有通吃的結果、是否會卡到陰或犯小人、是否收穫大於付出等等。別人會吃我，就代表即使我隨便介紹商品，對方也有主動購買的欲望。

那什麼時候才需要「另卜一個掛」，就看衍生問題的重要性，其實只要把我們自己拉到守護神的角度去思考，就比較容易理解。

第二種卦象是：可以輕輕鬆鬆把對方給吃掉，那就代表你有辦法說服他，然後成交。不管是被吃或吃別人，只要卦象是能動起來的，就代表會成交。

第三種卦象是：如果有一對好朋友或是相鄰的明君格，代表對方會「認同」你的東西，但會不會成交則是另外一回事！今天你跟我談一間房子，交通便利、近捷運站，也在學區內，未來增值空間很大，但除了頭期款要多出 100 萬之外，每月還要多繳 1 萬元的貸款。我雖然很認同這個物件，但是我每個月只能負擔 1.5 萬元的貸款，如何負擔得起 2.5 萬元的貸款呢？有好朋友就代表認同你的說詞，但是對方動不太起來，或很難一次就成交，必須再想想還有沒有其他的方式能夠讓對方成交。

有做過業務的人應該都知道，客戶有可能認同我們的想法，但會不會成交這件事情，就要看這個卦象能不能透過我們的努力然後運轉起來。

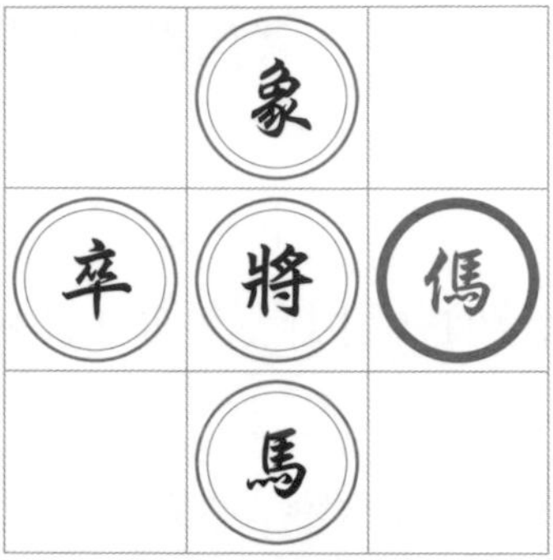

以這個卦象為例，馬傌斜對為好朋友，代表對方會認同，但黑將吃不了這個傌，因為傌是唯一的紅棋，如果想讓黑將去吃紅傌，可以先驅使這支傌去吃象，代表對方會接受你的建議，認同你對市場的分析並相信他未來會賺到錢，是讓這件事情成交的主要關鍵。

五、問功名錄取

要問會不會考上某間學校、職位、證照，如果是像書面考試這種單向付出的，我們可能會給他一個吃得到對方的卦，包含吃到對方的士（仕），或自己的士（仕）可以吃到對方的棋子。若有好朋友，代表有機會。

如果是應徵、申請這種雙向交流的話，則會出現上面敘述的成交卦。如果沒有好朋友、牽制或其他不能完整吃到棋子的卦就代表不會；若卦象有好朋友，代表有錄取、能成的機會。

以上問題，不管是單向或雙向，需另外考量的點是：不論哪一方缺地格（即兵、卒），代表可能會有時間的問題；若缺的是人格（即車、馬、包、俥、傌、炮），表示這件事跟人和有關。

六、問心情狀態

如果要問做這件事「開不開心」，最主要是看你自己棋子呈現的狀態，以及看有沒有外來的一些壓力、消耗或困擾。

這個卦象中雖然顯示付出大於收穫，但是並不代表卦主就不開心。因為包不會像士、車、將那樣帶給我們脅迫的壓力，所以影響不大。象相是一對好朋友，所以卦主是開心的。

總的來說，如果卦中有好朋友的話，代表的開心又有不同的意思：

❶ 兵卒好朋友的開心是踏實的開心。

❷ 炮包或傌馬好朋友的開心是浪漫的開心。

❸ 相象好朋友的開心是跟發現或收穫有關的開心。

❹ 俥車或仕士好朋友的開心是有成就感的開心。

七、問身心靈

針對健康問題，可以只卜一個卦，也可以針對身、心、靈分別卜卦。分別卜卦是指身、心、靈各拿五支棋子。你可以問造成這個疾病的原因是什麼，可以卜一個卦或是再卜二、三個卦，因為有時解決病痛的方案不是你所想的那樣，有時候也可能不是醫生所判斷的那樣。

我曾幫一位長輩卜卦，她已經頭痛了十幾年之久，看過醫生也找不到頭痛確切的原因，只能吃止痛藥。來找我卜卦後，卦象呈現她頭痛的原因是卡到陰，不是生理上的問題，純粹是受到無形眾生的干擾。

我就請她買些水果到佛寺、城隍廟或土地公廟去拜拜，然後誠心地跟菩薩或城隍爺說：「菩薩（城隍爺）大慈大悲，我卜卦問我的頭痛為什麼十幾年都不會好，卦象陳述我是因為卡到陰，所以我今天來跟菩薩（城隍爺）祈願，請菩薩（城隍爺）幫我引渡在我身邊無形的有情眾生，讓祂們能夠跟著諸佛菩薩去修行，祈願祂們離苦得樂。」

要化金紙前也跟菩薩（城隍爺）再次祈願。她拜拜完後，如今再也不頭痛了。

八、問看病健康

若是問看某位醫生好不好，只要有得吃（沒有牽制、消耗、破壞格，好朋友的話要能收穫大於付出）就是好卦。問吃什麼藥有沒有效，只要被吃（不能有牽制、消耗、好朋友、破壞格）就代表可以有效治病。

九、問投資

如果是要問投資這一類投機問題，必須要先問你的守護神願不願意給你答案。一般來說，守護神是不會輕易給卦主投機的答案，所以守護神如果先給出一對好朋友，然後再卜卦才會比較準確。

投資性質的卦有時候也需要先累積一些卦象再進行分析，例如投資股票的話，可預先花一段時間每天模擬下單，驗證收益成果，用這個方式來找出你跟守護神的默契，但還是建議投資前，先累積相關的專業知識、不借貸投資、不亂卜卦。

十、問人際關係與感情

問人際關係與感情，有三種問法，提供大家參考：

Q1 與這個人互動對我有沒有好處？

→看收穫與付出（有些需要設定時間）。

Q2 我跟這個人的互動關係或緣分如何？

→比照感情格的解法即可。

Q3 如何跟這個人相處？

→先找出自己與對方的前世關係或是相處模式最相關的那一世的關係，這樣做的目的是看出你與對方有哪些類型的緣分，再來調整相處方式。假如前世關係是夫妻，這輩子跟他相處就用夫妻的心態最自在，為他付出也甘願。

十一、其他問題

如果要問這名字適不適合我的公司，由於命名涉及姓名學，比較特別。今天假設有個算命師跟你說，你的命非常好，你找其他的算命師，一定都會說很不錯，因為你的出生時辰是不會變動的，但姓名學就不一樣，由於各家門派都不同，所以說法莫衷一是。

有人說姓名就像衣服，是一個很重要的包裝，唸起來大不大器、好不好記非常重要。一個有名設計師設計的衣服雖然時尚華麗，但不一定適合你穿，每一個人的身高體型不一樣，適合的衣服也不一樣，所以選品牌不如選適合自己的比較重要，取名字也是如此，當然我們也可以透過卜卦來了解。

這個卦主想問買這間房子有沒有好處？這個卦象顯示：卦主很想買這間房子（因為傌會想吃卒），但這間房子會讓卦主情緒起伏大（因為相受到士的威脅），而且兵卒上下分離，表示購買後實際情況會跟預期有很大的落差。如果傌積極一點，把卒和士給吃了，雖然能得到好處，但卻會形成通吃格，最終會有歸零的情況。整體而言，買這間房子對卦主是沒有什麼好處的。

假設中間的相改為帥，其他棋子不變，士對帥沒有威脅，表示買這間房子的結果雖然跟預期不一樣，但是是有好處的。這是什麼意思呢？假如你買了一間透天厝，在重新裝潢的時候發現屋況很差，一敲下去都漏水，而且還是路沖，不是一個適合自住的房子。但因為那時候家裡有在開餐廳，於是把這間房子拿來當作第二家分店或是出租做生意。這間房子的用途跟你原本的設想有很大的落差，經轉念一想，雖然不能自住，但可以拿來做生意或出租，這就像中間直接改為帥的卦象，有霸氣的主導，雖然跟原本預期的不同，但是有其他解套的方式，仍然是有好處的。

前世關係的判定

每支棋代表的前世身分

第一支拿到黑棋（屬陰），代表上輩子自己是女性；若第一支拿到紅棋（屬陽），代表上輩子自己是男性。上輩子的狀態就要看命盤總格：

- 第一支是「將帥」：君王、元帥、領袖、領導人。
- 第一支是「士仕」：官職、讀書人、老師、將軍、將士。
- 第一支是「象相」：修行人、宰相、員外。
- 第一支是「車俥」：團隊領導人、創業的老闆。
- 第一支是「馬傌」：老師、醫生、業務。
- 第一支是「包炮」：演藝圈或風塵人士、大商人。
- 第一支是「卒兵」：工人、農民、士兵、小商人。

關係遠近

若有好朋友（不限定位置），表示關係較近；若無好朋友，則以收穫付出的狀態來解卦：

【士仕好朋友】

- ①與②、①與③為同僚。①與④、①與⑤為官場的上司下屬關係。
- ④與⑤為隔代的上司下屬關係。②與③為非直屬之同僚。
- ②與④、②與⑤、③與④、③與⑤為非直屬之上司下屬關係。

【象相好朋友】

- ①與②、①與③為同學、同修。①與④、①與⑤為師徒關係。
- ④與⑤為師公、徒孫。②與③為非同師父之同學。
- ②與④、②與⑤、③與④、③與⑤非直接之師父、徒弟（師叔侄）關係。

【車俥好朋友】

- ①與②、①與③為合作的夥伴。①與④、①與⑤為職場的上司、下屬或上下游廠商。
- ④與⑤為隔代職場的上司、下屬。②與③為非直接合作的夥伴。
- ②與④、②與⑤、③與④、③與⑤為非直接合作的上司、下屬。

【馬傌好朋友】

- ①與②、①與③為短暫的情人。①與④、①與⑤為有感情、情愫的長輩晚輩。
- ②與④、②與⑤、③與④、③與⑤為長時間的情人（因馬傌走斜對）。
- ②與③、④與⑤為喜歡但沒有真正交流的對象（馬傌分開）。

【包炮好朋友】

- ①與②、①與③、①與④、①與⑤為短暫的情人（包炮相鄰）。
- ②與③、④與⑤為外遇的對象、情人或小妾（包炮隔山）。
- ②與④、②與⑤、③與④、③與⑤為有情欲但沒有真正交流的對象（包炮斜對）。

【卒兵好朋友】

- ①兵＋②卒：對方是你的妻子。①兵＋③卒：對方是你的兄弟姊妹。
- ①卒＋③兵：對方是你的先生。①卒＋②兵：對方是你的兄弟姊妹。
- ①與④、①與⑤：父母子女。④與⑤：祖父母與孫子。②與③非直屬之兄弟姊妹。

- ②與④、②與⑤、③與④、③與⑤：叔叔、伯父、阿姨、嬸嬸、侄子侄女。

【將帥好朋友】

- 上下或左右相鄰為一同創業或奮鬥的夥伴，各司其職，為專業的佼佼者；若分隔為相互在商場或戰場的對手，因為各自統領一方。

般若波羅蜜多心經

終　章

占卜因時運而異，
法無定法，還以心為主

勢不可使盡，使盡則禍必至；
福不可受盡，受盡則緣必孤；
話不可説盡，説盡則人必易；
規矩不可行盡，行盡則人必繁；
棋卦不可算盡，畏天地無常傍身；
知卦不必言盡，留三分經驗於他；
只因法無定法，你我方能相知相惜！

終　章

占卜因時運而異，法無定法，還以心為主

最後一章，我們就來探究一下什麼是「法無定法」。這句話出自佛教，意思是任何法則是沒有固定不變的。強調事物的變化和無常，在佛教中代表著世間萬物的變動和流轉，沒有固定不變的規則或模式，在不同的情況下，規則也可能會有所變動或調整。這種觀點也可以應用於各種情況，包括人心、生活、工作或社會上。

以《易經》為例，《易經》有 64 卦，每一卦有 6 爻，所以一共衍生出 386 爻。若還原到天地創生之初便是陰陽兩股原力，陰陽可視為是二元的概念，萬物都可以用二元來看待，比如天地、日月、寒暑、上下、剛柔、明暗、前後等。這二元必須同時存在才有意義，如果沒有「暗」如何指出「明」的概念，這也是所謂的「陰陽法則」。任何事不用「機關算盡」、一定要找到變化之「最」，哪種投資最賺錢、哪一個真命天子最適合我、哪塊風水寶地最聚財等，老是掛念著「出錯、失去、厄運、倒楣」這種負面

情緒，長期以往，你的「念力」一定讓你「心想事成」，讓擔憂詛咒成真。切記，禍福無門，惟人自召罷了。

古人常說：「一命二運三風水，四積陰德五讀書」，人生短短數十載，萬般帶不走，唯有「業力種子」隨身，天行健，君子應當自強不息，所以努力投資在積陰德與讀書上，福慧雙修，讓自己在厄運業報的清算上，至少有些平衡的籌碼。

當你在幫某一個案例分析卦象時，有時候也聽聽別人的意見吧！你會發現很多人的解讀不一樣，結果也會不一樣。當我還是學生的時候，我會請問老師如何解讀這個卦象；後來當我在幫人解卦時，我也會問別人是如何看待這個卦象的。但始終就像趨近於一個大方向，裡面的細節內容卻無法更進一步了解，就像是無法了解護法神到底要給我們什麼樣的答案。這就是最後一章我想跟大家一起探究的地方，目的就是為了告訴想學卦的朋友，我們在解釋卦象的時候一定要站在對方的立場去思考跟對方有關的人事物關係，以及對方未來要做什麼事、他的方向是什麼等等，我們才能夠知道這個卦象到底要呈現什麼狀態給我們。人家看到這裡的時候可能會覺得好像沒什麼重點，因為我們人往往都是想要有一個正確的答案，才是重點。但事實上並不是這樣的，你必須考量諸多的面向，彙整所有的可能性，幫求卦的人闢出一個客觀的道路，這才是這一章的目的，以下用幾個例子來幫助大家理解。

明君格

有一個朋友找我卜卦，他們要做身心靈產業，卦象上他的①號位置是紅相，代表與佛法或修行有關，左②位置是一支紅兵，③是一支黑將。單從這個卦象來看，黑將因看不到紅兵，屬於暴動格局，可是中間的紅相是佛法的鏈結，他們要做的身心靈產業也是來幫助眾生的，如此一來，不就可以解讀成以這支紅相為中心，把黑將與紅兵串聯起來，進而成為明君，我們能夠說這不是護法神給的啟示嗎？但是從規則來講，將就是沒有看到紅兵，所以呈現出來的是一個暴動的格局，但我還是跟朋友說，可以做！

要注意的是，必須去跟佛菩薩報告，並發願請祂加持。只要心中有佛法，心可以鏈結所有眾生，因為朋友要做的是跟身心靈有關的產業，是一件好事。如果不是要做身心靈產業，這個卦象可能就沒有那麼好，它會呈現暴動，因為將看不到兵，所以有時候卦象給你看的是一個狀態，但裡面還有很深的含意，這時千萬就不可侷限於規則上。

通吃格跟被通吃格

另一個朋友要開一間燒烤店，找我卜卦，他的卦象是勝利格，但是他的勝利格有通吃對方的問題，也就是說，所做的一切最後都會歸零，僅剩下 20% 的獲利（剩下本金跟小賺或開店的經驗）。前面的章節有提到一個做早餐店的案例，當你的價格比對手低，客人都來光顧你的店，讓你的生意非常火熱。你賺走了這個地方所有的錢，最後由於對方不甘心進而檢舉你，讓你的生意無法做下去，這就是你通吃對方的後果。我們一定要了解，這個社會是互利共存的，一旦你賺到了錢，你的心態必須更加穩定，要預留後路給對方，這樣才能避免你通吃對方所引發的後果。

感情格和學習格遇到全紅或全黑

我曾經看過一個感情格全紅的女士，因為全紅或全黑通常代表著悔恨的格局，但深入了解後，發現她的感情沒有不如意、沒經歷過離婚，已婚而且有三個孩子，但她原本並沒有想要步入婚姻，由於她先生非常喜歡她，一直向她求婚，所以最後還是決定嫁給他。她的先生是一位軍法官，古人有云：「身在公門好修行」，一個人有沒有犯罪，審判的法官如果公正，可以幫助很多人免於冤獄或替受害者討回公道，所以累積了不少福報。了解他們家的來龍去脈後再回頭看她的卦象，我有了另一種解讀。有時候全紅或全黑不一定就代表感情不好、不會結婚，或是一定會離婚，其實還是要看後天自己的修為，只是說在感情上比較不會那麼看重，看得很淡泊，對於感情她是可有可無的，所以全紅或是全黑並不是不好的格局，大家也要特別留意。

倘若全紅或是全黑的格局出現在學習格呢？就我替人卜卦的經驗來說，學習者如果遇到這種格局，也不是代表他不會讀書或學習能力不好，應該說由於沒有其他顏色來對比，所以他能更專心地投入學習的行列，但是也因為沒有比較，他會覺得自己讀得不好或是不夠努力。所以如果學習格遇到全紅或是全黑的孩子，可以多多鼓勵他們，他們的學習態度是心無雜念的、可以全力以赴的狀態，當然讀得好或不好還是要看孩子先天的資質及後天的努力而定。

學習格上如果出現的是眾星拱月，表示身邊的同學都會覺得他很棒，容易讓他分心，比如參加太多社團活動、社交圈太廣、同學都來找他幫忙等等，所以眾星拱月也不太適合出現在學習格中。另外，全紅或全黑的部分如果是落在最後一個格局，代表大吉，且能夠得以善終。

舉這些案例其實是要讓大家知道很多時候解卦是要結合實際情況來判斷的，這也是我寫這一章最主要的目的。可能有人會問，如果卦象不好可以重抓一次嗎？我們還是要遵守基本原則，一件事情只能抓一卦，如果你單純只是為了要卜到你想要的卦，這個卜卦就失去了意義。最後送給大家一句話：「卦不敢算盡，畏天道無常。」讓卜卦成為輔助我們人生順遂的工具，希望學卦的人都能用這器具幫助到更多的人。

附　錄

邁向大師之路，
象棋占卜總覽

附錄❶象棋占卜問事須知

附錄❷棋義解讀與五行屬性

附錄❸象棋占卜棋卡介紹

附錄❹年運狀態解說

附錄❺命盤狀態解說

附錄❻命盤格局解說

附錄❼卦象解讀判斷

附錄❽前世格局解說

附錄1

象棋占卜問事須知

◎抽五支棋，依序擺放：中①→左②→右③→上④→下⑤。

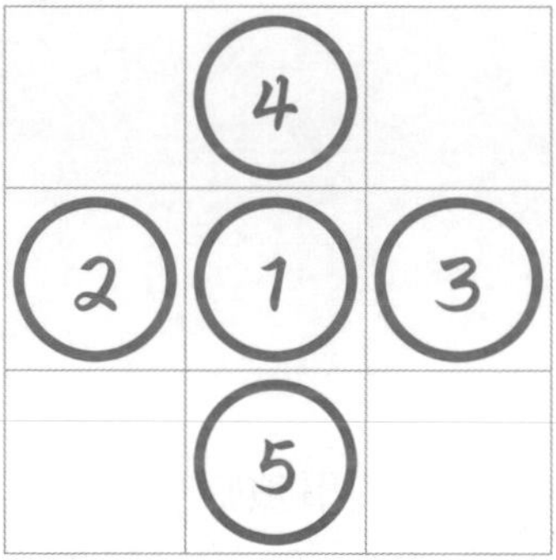

◎若問是非、好壞、狀況、原因：卜一卦即可。

◎若問選擇題：有幾個選項就卜幾個卦，先問選A好不好，拿5支棋卜一卦；問選B好不好，再拿5支棋卜一卦……然後一起分析優缺點。

◎只能問自己或直系血親有關的問題。

◎問事業有關的問題（有些情況需要設定時間）：

- 做這個行業，對我有沒有好處？（好處不一定是錢，也可以是學習成長、人際擴展等……）

- 做這個行業／投資可不可以讓我賺到錢？（只解付出與收穫）
- 這個行業／工作有沒有發展前景？適不適合我經營？
- 這個行業／工作應該怎麼做會更好？
- 目前事業／工作上為什麼會出現狀況？
- 這個事業／工作上要注意什麼？有可能出現什麼問題？
- 如何解決目前事業／工作上所出現的狀況？
- 這個投資案或跟這個人合作這個項目，對我有沒有好處？

◎問人際關係與感情方面的問題：

- 與對方互動相處，對我有沒有好處？（有些需設定時間）
- 我跟對方的互動狀態／緣份如何？
- 如何跟對方相處？
- 我跟對方的前世關係為何？
- 今年（或預設某段時間）我會不會有姻緣？

◎問健康方面的問題：

- 目前的健康狀況？（可單卜一個卦或身心靈分別卜卦）
- 造成這個疾病的原因為何？

◎其他：例如問房子／土地／名字等等，適不適合我？

附錄2

棋義解讀與五行屬性

	天格	人格	地格
上格	帥、將	俥、車	兵
中格	仕、士	傌、馬	—
下格	相、象	炮、包	卒

帥、將＝ 80 分　　俥、車＝ 30 分　　兵、卒＝ 10 分

仕、士＝ 60 分　　傌、馬＝ 20 分

相、象＝ 40 分　　炮、包＝ 15 分

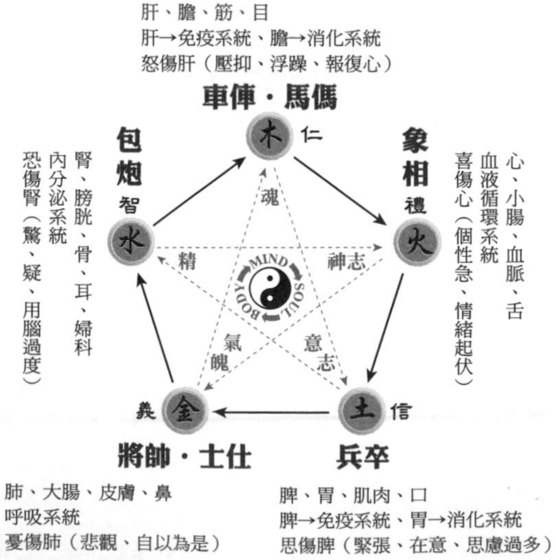

附錄3

象棋占卜棋卡介紹

將 帥

【定義】

- 天上天：君王、領袖、掌權者、喜歡獨攬大權。

【分數】

- 80 分。

【特質】

- 如果將有遇見兵或帥有遇見卒，代表明君；如果沒有看見，則為暴君，代表缺乏對情緒的掌控、無法做出明理的決定。
- 適合男性， 不適合女性（傳統上）。
- 喜歡領導別人、只動口不動手的類型。
- 適合於事業，不適合婚姻格，因為容易過於強勢。

【五行屬性】

- 五行屬金，金重義（憂慮、自以為是）。

【對應臟腑】

- 頭部的代表、大腦的總樞，思想、發令，需注意神經系統、氣血的運行。

【走法】

- 上下左右都能走，除了兵卒什麼棋都能吃。

【定義】

- 一人之下萬人之上，帶權力與名聲，有指揮與發令之氣勢。

【分數】

- 60 分。

【特質】

- 文昌：知識、智慧、仁慈、口才佳。
- 紅仕：如文官、參謀總長，仁慈有威嚴，但不會過度表現（適合女性）。黑士：如武將，威嚴但多慮，有時不易正常表現（適合男性）。
- 財運：大吉大利，有來有往，投資運佳。
- 事業：主管、領導人，能得貴人相助。
- 婚姻／感情：士仕＝佳，上下相鄰最佳，左右相鄰則代表有想法、口角稍多。

【五行屬性】

- 五行屬金，金重義（憂慮、自以為是）。

【對應臟腑】

- 黑士需注意肺；紅仕需注意大腸。

【走法】

- 上下左右都能走，除了將帥什麼棋都能吃。

象相

【定義】

- 跟士仕同樣是將帥的護衛，但較士仕溫和。

【分數】

- 40 分。

【特質】

- 代表官印、宰相、帶權，與士仕一樣足智多謀。
- 有宗教或修行的緣分。
- 喜歡坐而言勝過於起而行。
- 紅相：文職；黑象：武職。
- 財運：不動產、靜止之財富、由好運帶來的財富。
- 事業：小本生意、名利雙收
- 婚姻／感情：上下左右配對皆宜。

【五行屬性】

- 五行屬火，火重禮、情緒起伏大。

【對應臟腑】

- 代表溫度，需注意心臟、氣血的循環、小腸。

【走法】

- 上下左右都能走，除了仕士將帥其他棋子都能吃。

車 俥

【定義】

- 人上人的格局，不願受約束，眼光高所以不易滿足。

【分數】

- 30 分。

【特質】

- 個性較衝、較直，喜歡管人，自己有自己做事的原則，與其相處需善用智慧不可以硬碰硬。
- 財運：敢衝、敢冒險、肯奮鬥，不是大好就是大壞。
- 事業：自己經營更佳。
- 婚姻／感情：人上人，不願受約束，所以經常鬥嘴。

【五行屬性】

- 五行屬木，木重仁、心軟（壓抑、報復心）。

【對應臟腑】

- 需注意肝膽。

【走法】

- 上下左右都能走，還能往上一局吃。

馬 傌

【定義】

- 人中人的格局，遊走於人群間、心軟好管閒事、剛柔並濟。

【分數】

- 20分。

【特質】

- 善察言觀色、口才好、舉止適中。
- 紅傌：能內外兼顧，適合女性、賢妻、職場高手、好媽媽；黑馬：適合男性，更喜歡在外趴趴走。
- 馬不停蹄（勞碌命、會想有所作為）、馬走四方（八面威風）。
- 事業與財運： 奔波則見財，不動則停滯。
- 婚姻／感情：馬走斜角，所以斜對為佳；上下或左右適合同居；兩邊隔開則適合談戀愛，不適合結婚。

【五行屬性】

- 五行屬木，木重仁、心軟（壓抑、報復心）。

【對應臟腑】

- 需注意關節、筋絡。

【走法】

- 馬走斜， 若在中間，則難以發揮。

 包 炮

【定義】

- 炮隔山、炮飛山，代表很想有所作為，但容易好高鶩遠。

【分數】

- 15 分。

【特質】

- 人緣佳、小桃花、智慧、美麗。
- 財運：智慧型財運，靠用頭腦賺錢、中年後較能聚財。
- 事業：適合流動性與時機性的事業。
- 婚姻／感情：隔山代表正緣、正桃花；左右或斜對，代表偏桃花。

【五行屬性】

- 五行屬水，代表智慧（恐懼、用腦過多）。

【對應臟腑】

- 代表水的流暢，需注意內分泌、腎臟、膀胱、婦科。

【走法】

- 包炮需隔山吃，還能格空往上吃。

卒 兵

【定義】

- 地格、腳踏實地。

【分數】

- 10 分。

【特質】

- 勇敢前進：只進不退、團結力量大。
- 財運：兵卒屬現金財庫，若缺表是錢財留不住。
- 事業：一步一腳印，只要堅持理想不投機，就可致富。
- 婚姻／感情：若兵卒相見，表示穩定不易生變。

【五行屬性】

- 五行屬土，土重信（容易想太多、容易在意）。

【對應臟腑】

- 需注意脾胃。

【走法】

- 只能前進或左右、不能後退。

【禁忌】

- 除了將帥什麼棋都能吃。

附錄4

年運狀態解說

- 中間第一支以及與其同色的棋→今年呈現的狀態。
- 說明今年自己與上下左右的互動狀態。

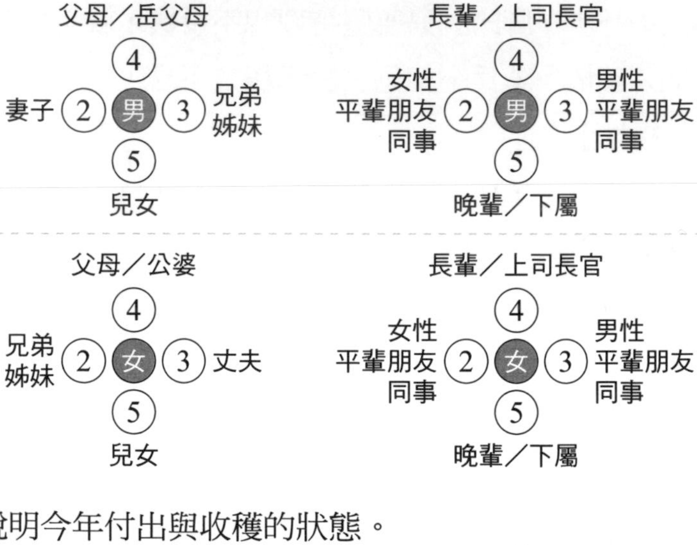

- 說明今年付出與收穫的狀態。
- 說明今年是否有犯小人、做錯選擇或需要留意的地方。
- 說明今年健康需要留意的地方：只說明威脅、消耗、暴動，五行屬性所缺的可以不用論。

附錄5

命盤狀態解說

學習狀態（學習格）

將 帥	雖然學習能力不錯，但總是會用自己的認知來挑戰老師所講授的內容。 【缺點】老師的東西比較沒有辦法完整地吸收。 【優點】可以把它整理後變成自己的東西。
士 仕	文昌，學習能力強，但在學習時也常用自己的認知來挑戰老師所講的內容。優點是可以把它消化後變成自己的東西。
象 相	學習能力不錯，但比較被動、不積極。
車 俥	非常積極、學習能力也強，但也會依自己主觀的想法去學習。
馬 傌	對學習很有興趣，如果馬傌的位置是在中間，學習與學以致用的能力會不好；如果是在四周，因為可以吃到不同色的棋子，代表可以透過一些善巧來幫助學習。

包 炮	很有學習欲望，如果包炮受困在中間，沒法往上飛，因而吃不到棋子的話，則學習與學以致用的能力會不好！但如果可以吃到，則代表可以透過一些善巧而在學習上有收穫。
卒 兵	踏實學習，能一步一腳印有效地學習老師或書本所教的內容。

感情狀態（感情格）

將 帥	固執己見、會期待別人變成自己想要的樣子、有掌控欲。
士 仕	❶會有許多自以為是的認知，期待別人變成自己想要的樣子（但沒有將帥那麼強的掌控欲）。有時會較不容易親近。若士仕上下相鄰（誰上誰下都可以），感情好（＝佳）；如在左右，表示雙方各有想法、口角稍多。 ❷士仕：靈魂伴侶。
象 相	❶對感情會比較被動、可以很無拘無束很開心，也容易有情緒上的起伏。感情格若有一對象相，不論上下或左右都很好，因為象相跟修行有關，所以兩人相處很像同學、同修。 ❷象相：學習或修行上的伴侶。

車俥	❶會積極與人互動，有許多主觀的做人做事道理與要求，常會期待別人變成自己想要的樣子，也會期待自己變成自己想要的樣子、容易挑自己毛病。感情格若有一對車俥，雖然感情好但各自不願受約束，個性比較直接，所以會經常鬥嘴、吵吵鬧鬧又難以分開。 ❷車俥：歡喜冤家。
馬傌	❶有浪漫的想法，喜歡與人互動。感情格若有一對馬傌，因其走斜角，所以斜對為佳，可以互相交流。如果馬傌在中間，受到限制，所以無法如願得到所期待的浪漫關係。上下或左右相鄰比較適合同居，可以看得到但缺乏心靈的交流。兩邊隔開只適合談戀愛，不適合結婚。 ❷馬傌：情人伴侶。
包炮	❶對人際情感有浪漫的渴望，喜歡與人互動。如果包在中間（無法往上吃），則總是無法如願得到所期待的浪漫關係。在感情格中，若有一對隔山包炮，表示能互相交流，是正緣（結婚）或是正桃花（古代沒有一夫一妻制，所以不論是否已婚，皆代表有在一起的緣分）。 ❷若一對包炮左右、上下相鄰或斜對，則是偏桃花，表示可以看得到但沒有心靈的交流。 ❸包炮：情欲伴侶。

卒 兵	❶對人際情感的想法比較務實、踏實，缺少浪漫激情。感情格若兵卒相見，則穩定不易變心，踏實過日子比較重要。 ❷兵卒：老夫老妻。

工作事業（事業格）

將 帥	能力好、有影響力，但不喜歡動手。如果是明君，代表能把事情做得很好；如果是暴君則會有偏執的認知與想要掌控的強烈欲望，有可能因為情緒不穩做出錯誤決策而造成重大損失。
士 仕	工作能力佳，可以把事情做得好、有影響力，具有指揮與發號施令的氣勢，是主管、領導人，適合從政。對工作會有屬於自己的堅持與想法，能得貴人相助，大吉大利，事業運佳。但如果是黑士，對工作與事業的執行會有較多憂慮。
象 相	雖然工作能力也不錯，但行動力比較弱、較被動。天生好運帶來一些收穫，適合小本生意，名利雙收，也適合當公務人員。自己是象（相）或吃到對方的相（象），代表利於投資不動產。
車 俥	敢衝、敢冒險（就像車子衝得很快）、肯奮鬥，要留意不是大好就是大壞。具領導能力。一個團隊的領導本來就該有自己的想法。可以分工，但不適合合夥，自己經營最佳。

馬 傌	肯做、肯跑，奔波則見財，不動則停滯。對事業與工作會很渴望有所擴展，如果馬（傌）在中間，則難以得到有效擴展，得到的結果也會跟期待有落差。若在四周可以吃到對方的棋，代表可透過善巧、資源整合而獲利。
包 炮	會很想突破現況以及有所擴展，適合流動性與時機性的事業，靠頭腦賺錢，不適合高勞動性的工作。若自己的炮（包）可以吃到對方的棋子，則利於投資或因改變而帶來收穫；若吃不到則表示難以發揮、容易好高騖遠。
卒 兵	做事腳踏實地，只要有理想不投機就可致富。兵卒屬現金財庫，若命盤總格缺兵卒，代表留不住錢財。

附錄6

命盤格局解說

1. 好朋友格

- 凡上下或左右相鄰，一對同字不同色的棋子就算好朋友，但馬傌須斜對、包炮須隔山。
- 士仕最佳；象相次之；車俥易各持己見；兵卒踏實；馬傌斜對與包炮相隔，有美麗與浪漫的情感關係。
- 只要有一對好朋友就不會真的被吃或吃別人，彼此互利看最後是收穫大於付出還是付出大於收穫。

2. 暴動格

- 將沒有看到兵或帥沒有看到卒就是暴動格（相鄰或斜對才算看到）。
- 如果是自己的暴君，代表自己容易因為情緒起伏而做錯決定；如果是外在暴動，代表會有一些變數。

3. 明君格

- 帥卒或將兵是互相依存的關係，兵卒就像皇帝身邊的公公，公公可以從皇帝身上得到很多好處，所以不會將皇帝給暗殺掉。而皇帝也需要公公安撫情緒，若沒有公公的安撫就可能情緒失控成為暴君，所以將帥不會把兵卒給吃掉（其餘棋子若可吃，則沒有限制）。

4. 好人緣

- 同字不同色相鄰是好朋友，錯開的話則代表人緣好，比如斜對的將帥、士仕、象相、車俥、卒兵，也包含上下或左右相鄰的馬傌或炮包（後兩者偏異性緣）。
- 男女若出現斜對的士仕，表示會因需要宣洩壓力而有肉體上的交流。

5. 欣賞格

- 黑士紅俥或紅仕黑車表示彼此互相欣賞，不論同性或異性，此欣賞非關情感。
- 相鄰或斜對都可算欣賞格，但隔開不算。
- 有欣賞格可以解釋雙方的互動狀態，但依然可以互吃沒有限制（又稱特殊親密關係格）。

6. 消耗格

- 有兩支同色的字，就是消耗格。
- 又分自己消耗或別人消耗。與中間同色：自己消耗；與中間不同色：別人消耗。
- 士士或仕仕的消耗：自以為是、憂慮。
- 象象或相相的消耗：情緒或火氣大。

- 車車或俥俥的消耗：太衝、太激進、管太多。
- 馬馬或傌傌的消耗：靜不下心、方向不定、心太軟。
- 包包或炮炮的消耗：恐懼、取巧、太想改變卻不知如何改變。
- 卒卒或兵兵的消耗：想太多、行動力弱、不想這麼做。
- 黑色棋子的消耗：表現在外較明顯；紅色棋子的消耗：表現在內較不明顯。

7. 牽制格（參閱第七章牽制格局）

8. 破壞格

- 即一對好朋友又增加了另一支同字的棋，比如卒卒兵、相象象等，由於原本是一對好朋友，但因自己或別人消耗而破壞彼此關係。
- 與自己同色：因自己消耗而造成的破壞格；與自己不同色：因他人消耗而造成的破壞格。

9. 分離格

- 好朋友被隔開（非包炮），代表外界或對方與自己的價值觀不同，或實際情況與自己想像的不同。
- 若女性總格出現分離格，代表感情路上比較辛苦，容易離婚。
- 若在命盤的十年運勢裡有分離格（無論男女），則容易意見不合，相處上則會因價值觀不同容易起爭執或與親人的緣分較淺。

10. 困擾格

- 同時出現兩對好朋友。
- 會因某些因素造成決定上的困擾。
- 並非困擾格就不是好卦，好壞要看有沒有得吃。

11. 通吃格／被通吃格

- 被通吃：自己沒有任何保護地被全盤吃掉。
- 通吃格：別人沒有任何保護，我們可以通吃對方。
- 通吃別人的通吃格：有絕對控制權，但若不留後路給別人走，最後會全輸。開始有很棒的擴展，最後歸零或一無所有。
- 被別人通吃的通吃格：完全無控制權。

12. 生死關

- 命盤裡的十年運勢中，若中間的棋子不能出去（無法往四方吃或無法過局往上吃），加上沒有被保護，一定會被吃的話，代表有生死關（但總格若有象相，同色或不同色都算，會有好運或天助，主要是來自過去世的修為，基本不會在 30 歲以前死掉）。
- 在單卦或年運中則不作生死關解釋，僅解釋通吃格。

13. 事業格

- 卦象同時出現車馬包（同色或混色都算）就是事業格。

- 不論問什麼，都會有做事業的認真態度，但不利於感情。
- 可依車馬包的布局看出狀態的改變。
- 並非事業格就是好卦，雖會加分但好壞還要看有沒有得吃。

14. 桃花格

- 在②③或④⑤的位置為包炮、包帥或炮將時，為正桃花；若其他位置則為偏桃花。

15. 全黑全紅格（又稱悔恨格）

- 如果出現五支全紅或是全黑，有三種解釋：⑴不成卦，可再卜一次；⑵不會做或不會成（不論好壞）；⑶各方面都不好或有開始但沒結果，也可能連過程都沒有。亦稱悔恨格。
- 命盤總格或年運是全黑或全紅，代表沒陰陽、動不起來。就算有福報也不容易兌現。

16. 離婚格

- 同字不同色的好朋友但左右或上下分開（包炮除外），代表會有價值觀不同的問題。
- 女性命盤總格出現以下情況，就有離婚的機率：

  ⑴同字不同色的好朋友但左右或上下分開。

  ⑵中間第一支為黑將、紅帥、黑士、黑車。

  ⑶與中間同色的暴君。

⑷同時有車馬包，且其中一支在中間。

⑸被通吃格。

17. 眾星拱月格（又稱鬱卒格）

- 中間是黑＋四邊是紅：外人很看好。
- 中間是紅＋四邊是黑：外人不看好。
- 中間是唯一不同的顏色：不會被吃，但可吃外面。
- 好壞要看有沒有得吃。
- 運不順：陰陽不協調、心情鬱悶。
- 運順：眾星拱月但仍有壓力大的狀況。

18. 一枝獨秀格

- 與眾星拱月不同的是，唯一不同的顏色是在旁邊，不是在中間。
- 唯一不同顏色的那支棋不會被吃，但一樣會陰陽不協調、壓力大、情緒起伏大。
- 如果這唯一不同的顏色是馬（傌）或包（炮），我們自己就一定會被吃（不受好朋友格、保護或牽制的限制），包（炮）能吃隔山的棋，而馬（傌）則會吃一整圈。
- 不論什麼格局，只要是被馬（傌）或包（炮）吃，代表犯小人（得罪別人）、卡到陰（心神不寧）或因自己做錯決定而有損失，這三種狀態也可能同時存在。

19. 富貴格

- 同時出現將士象（同色或混色都算）。
- 有人會幫我們做事，但也因此讓自己缺乏行動力。
- 可依將士象的分布看出狀態的改變。
- 並非富貴格就是好卦，雖會加分但好壞還要看有沒有得吃。

20. 三人同心格（又稱無堅不摧格）

- 同時出現三支卒或三支兵。
- 自己的三人同心：自己已準備好。
- 別人的三人同心：外在的人、事或環境已俱足。
- 可以把一件事情做得好， 如同一支車（俥）。

21. 帝王格

- 僅用在總格上，五支皆為兵或卒（同色或混色都算）。
- 因為五支都是地格，代表不論做什麼事只會往上不會往下，為極佳的帝王格。

22. 大師格

- 大師格極少見，這裡只論命盤總格。
- ②③④⑤的位置為兵或卒（同色或混色都算）。
- 四周都被兵和卒包圍，呈眾星拱月，顯現中間卦主的特性，故為大師格。中間①的位置若是帥（將），做任何行業都適合，更適合當老闆或企業家，因為大家都圍繞著他轉動。

- 仕（士）在中間：適合從政、掌權、軍隊領導人。
- 車（俥）在中間：適合帶領人群做事。
- 馬（傌）在中間：黑幫地頭蛇，因為遊走於人群之間。
- 包（炮）在中間：因為男帥女美，所以適合當偶像明星在螢光幕前發展。

23. 勝利格

- ②③⑤位置為同一顏色，像勝利的 V 字，故稱勝利格。
- 代表想做的事都容易成局。
- 若①與②③⑤位置中有一對好朋友：因自己的因素容易成局；若①與②③⑤位置中非一對好朋友：因他人的因素容易成局。
- 並非勝利格就是好卦，好壞還要看有沒有得吃。

24. 雨傘格

- ②③④位置為同一顏色，像撐開的雨傘，故稱雨傘格。
- 有天助但撐著傘看不到天空，所以心情有時會悶悶的。如同有父母的照顧，有安定但受限的問題。
- 若②③④位置為黑色：黑雨傘，代表別人不看好。
- 若②③④位置為紅色：紅雨傘，代表別人很看好。
- 但真正是好或不好還是要看有沒有得吃。

25. 十字天助格

- ①②③位置或①④⑤位置為同一顏色：有天助。
- 並非十字格就是好卦，雖會加分但好壞還要看有沒有得吃。

26. 修行緣分格

- 在命盤總格中，和自己同色的馬、傌、包、炮可以吃到別人，代表身上有神明的力量。吃到對方的棋越大或收穫越大，代表能力越強，適合做神明代言人或是身心靈導師。
- 命盤總格中，中間①的位置是象（相），同時有同色的馬、傌、包、炮，即使沒得吃、沒收獲也算跟神明有緣分。
- 命盤總格中，中間①的位置是象（相），若沒有同色的馬、傌、包、炮，代表有修行的緣分，但沒有神明緣。
- 中間①以外的位置有同色的象（相），也代表有修行的緣分。
- 命盤總格或十年運勢中，有雨傘格或十字天助格，代表有神明看顧。

附錄7

卦象解讀判斷

◎一事一卦原則：可再衍生發問，但不是要你一直卜到滿意的答案為止，換位思考一下，假設你是守護神，你給問事的人這個卦象是要傳達哪些事情。

◎問「是不是」：有一對好朋友就代表「是」。

◎問「一件事能不能成」，有幾種卦象：

- 能吃別人：表示主動可成。
- 被吃：表示被動可成。
- 好朋友格：表示有成的機會。
- 缺地格：可能會有時間問題。
- 缺人格：可向佛菩薩請求幫忙或向主禱告。

◎問「會不會錄取」，有幾種卦象：

- 能吃別人：可錄取。
- 被吃：會被錄取。
- 好朋友格：有錄取的機會。

◎問「是不是夫妻正緣」：只要有一對好朋友就算（但正

緣不代表是好姻緣）。

◎問「有沒有卡到陰」：有包（炮）或馬（傌）可以吃我們或得到我們的好處，就算「有」。

◎問「看〇〇醫生好不好」：有得吃就是好卦。

◎問「吃〇〇藥有沒有效」：被吃代表可以有效治病。

◎問「人際關係與感情」有三種問法，提供大家參考：

Q1 與對方互動對我有沒有好處？

→看收穫與付出（有些需要設定時間）。

Q2 我跟對方的互動關係或緣分如何？

→依照感情格的解法。

Q3 如何跟對方相處？

→先找出自己與對方的前世關係或是相處模式最相關的那一世的關係，這樣做的目的是看出你與對方有哪些類型的緣分，再來調整相處方式。假如前世關係是夫妻，這輩子跟他相處就用夫妻的心態最自在，為他付出也甘願。

附錄8

前世格局解說

◎第一支拿到黑棋（屬陰）代表上輩子自己是女性，若第一支拿到紅棋（屬陽）代表上輩子自己是男性。

◎上輩子的狀態要以命盤總格的方式去分析：

- 第一支是「將帥」：君王、元帥、領袖、領導人。
- 第一支是「士仕」：官職、讀書人、老師、將軍、將士。
- 第一支是「象相」：修行人、宰相、員外。
- 第一支是「車俥」：團隊領導人、創業者。
- 第一支是「馬傌」：老師、醫生、業務。
- 第一支是「包炮」：演藝圈或風塵人士、大商人。
- 第一支是「卒兵」：工人、農民、士兵、小商人。

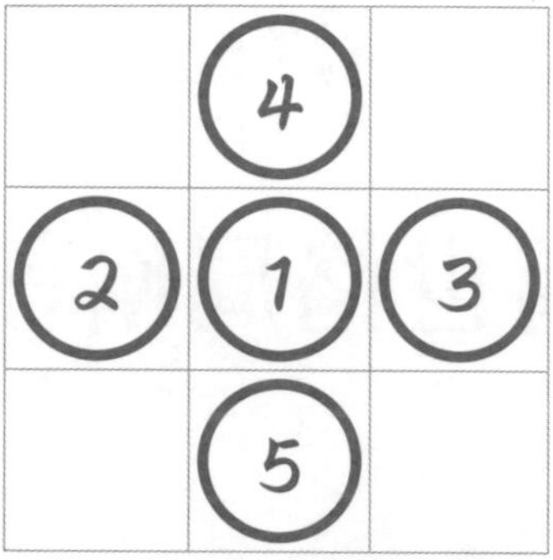

◎若有一對好朋友，代表前世關係較親密：

【士仕好朋友】

- ①與②、①與③為同僚。①與④、①與⑤為官場的上司下屬關係。
- ④與⑤為隔代的上司下屬關係。②與③為非直屬之同僚。
- ②與④、②與⑤、③與④、③與⑤為非直屬之上司下屬關係。

【象相好朋友】

- ①與②、①與③為同學、同修。①與④、①與⑤為師徒關係。
- ④與⑤為師公、徒孫。②與③為非同師父之同學。
- ②與④、②與⑤、③與④、③與⑤非直接之師父、徒弟（師叔侄）關係。

【車俥好朋友】

- ①與②、①與③為合作的夥伴。①與④、①與⑤為職場的上司、下屬或上下游廠商。
- ④與⑤為隔代職場的上司、下屬。②與③為非直接合作的夥伴。
- ②與④、②與⑤、③與④、③與⑤為非直接合作的上司、下屬。

【馬傌好朋友】

- ①與②、①與③為短暫的情人。①與④、①與⑤為有感情、情愫的長輩晚輩。
- ②與④、②與⑤、③與④、③與⑤為長時間的情人（因馬傌走斜對）。
- ②與③、④與⑤為喜歡但沒有真正交流的對象（馬傌分開）。

【包炮好朋友】

- ①與②、①與③、①與④、①與⑤為短暫的情人（包炮相鄰）。
- ②與③、④與⑤為外遇的對象、情人或小妾（包炮隔山）。
- ②與④、②與⑤、③與④、③與⑤為有情欲但沒有真正交流的對象（包炮斜對）。

【卒兵好朋友】

- ①兵＋②卒：對方是你的妻子。①兵＋③卒：對方是你的兄弟姊妹。
- ①卒＋③兵：對方是你的先生。①卒＋②兵：對方是你的兄弟姊妹。
- ①與④、①與⑤：父母子女。④與⑤：祖父母與孫子。②與③非直屬之兄弟姊妹。
- ②與④、②與⑤、③與④、③與⑤：叔叔、伯父、阿姨、嬸嬸、侄子侄女。

【將帥好朋友】

- 上下或左右相鄰為一同創業或奮鬥的夥伴，各司其職，為專業的佼佼者；若分隔為相互在商場或戰場的對手，因為各自統領一方。

國家圖書館出版品預行編目資料

棋卦人生：正信為本、棋卦為器，縱橫人生路
釋正凱 著　初版一新北市中和區：活泉書坊出版，
采舍國際有限公司發行, 2024.01　面；公分；—
(Color Life 58)

ISBN 978-986-271-985-5(平裝)

1.占卜　2.象棋

292.9　　　　　　　　　　　　112018897

棋卦人生

正信為本、棋卦為器，

縱橫人生路

活泉書坊

棋卦人生：

正信為本、棋卦為器，縱橫人生路

出版者 ■ 活泉書坊
作　者 ■ 釋正凱
總編輯 ■ 歐綾纖
副總編輯 ■ 陳雅貞
文字編輯 ■ Dorae
美術設計 ■ MoMo

台灣出版中心 ■ 新北市中和區中山路2段366巷10號10樓
電話 ■ （02）2248-7896　傳真 ■ （02）2248-7758
物流中心 ■ 新北市中和區中山路2段366巷10號3樓
電話 ■ （02）8245-8786　傳真 ■ （02）8245-8718
ISBN ■ 978-986-271-985-5
出版日期 ■ 2024年1月初版

全球華文市場總代理／采舍國際
地址 ■ 新北市中和區中山路2段366巷10號3樓
電話 ■ （02）8245-8786
傳真 ■ （02）8245-8718

新絲路網路書店
地址 ■ 新北市中和區中山路2段366巷10號10樓
網址 ■ www.silkbook.com
電話 ■ （02）8245-9896　傳真 ■ （02）8245-8819

本書採減碳印製流程，碳足跡追蹤，並使用優質中性紙（Acid & Alkali Free）通過綠色環保認證，最符環保要求。

線上pbook&ebook總代理 ■ 全球華文聯合出版平台
地址 ■ 新北市中和區中山路2段366巷10號10樓
新絲路電子書城 www.silkbook.com/ebookstore/
華文網雲端書城 www.book4u.com.tw
新絲路網路書店 www.silkbook.com

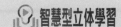

請沿線剪下

將

走法

上下左右、都能吃。

特質

屬金、君王、領袖、遇兵成明君。

分數

80分

帥

走法

上下左右、都能吃。

特質

屬金、君王、領袖、遇卒成明君。

分數

80分

請沿卡片邊緣剪下即可使用！

卒

走法

只要是往上或左右、什麼都能吃。

特質

屬土。地格，腳踏實地。

分數

10分

兵

走法

只要是往上或左右、什麼都能吃。

特質

屬土。地格，腳踏實地。

分數

10分

請沿卡片邊緣剪下即可使用！

請沿線剪下

卒

走法

只要是往上或左右、什麼都能吃。

特質

屬土。地格，腳踏實地。

分數

10分

兵

走法

只要是往上或左右、什麼都能吃。

特質

屬土。地格，腳踏實地。

分數

10分

請沿卡片邊緣剪下即可使用！

卒

走法

只要是往上或左右、什麼都能吃。

特質

屬土。地格，腳踏實地。

分數

10分

兵

走法

只要是往上或左右、什麼都能吃。

特質

屬土。地格，腳踏實地。

分數

10分

請沿線剪下

請沿卡片邊緣剪下即可使用！

請沿線剪下

卒

走法

只要是往上或左右、什麼都能吃。

特質

屬土。地格，腳踏實地。

分數

10分

兵

走法

只要是往上或左右、什麼都能吃。

特質

屬土。地格，腳踏實地。

分數

10分

請沿卡片邊緣剪下即可使用！

卒

走法

只要是往上或左右、什麼都能吃。

特質

屬土。地格，腳踏實地。

分數

10分

兵

走法

只要是往上或左右、什麼都能吃。

特質

屬土。地格，腳踏實地。

分數

10分

請沿線剪下

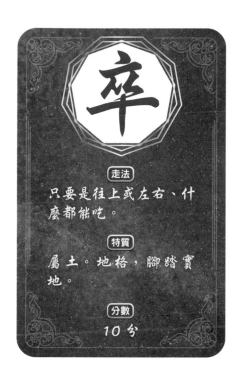

請沿卡片邊緣剪下即可使用！

請沿線剪下

士

走法

上下左右、不能吃帥、其他都能吃。

特質

屬金、帶權力名聲、但多慮。

分數

60分

仕

走法

上下左右、不能吃將、其他都能吃。

特質

屬金、帶權力名聲、仁慈有威嚴。

分數

60分

請沿卡片邊緣剪下即可使用！

士

走法

上下左右、不能吃帥、其他都能吃。

特質

屬金、帶權力名聲、但多慮。

分數

60分

仕

走法

上下左右、不能吃將、其他都能吃。

特質

屬金、帶權力名聲、仁慈有威嚴。

分數

60分

請沿線剪下

請沿卡片邊緣剪下即可使用！

請沿線剪下

象

走法

上下左右、不能吃帥、仕、其他都能吃。

特質

屬火，重禮節。宰相、與宗教修行緣分深。

分數

40 分

相

走法

上下左右、不能吃將、士、其他都能吃。

特質

屬火，重禮節。宰相、與宗教修行緣分深。

分數

40 分

請沿卡片邊緣剪下即可使用！

象

走法

上下左右、不能吃帥、仕、其他都能吃。

特質

屬火，重禮節。宰相、與宗教修行緣分深。

分數

40 分

相

走法

上下左右、不能吃將、士、其他都能吃。

恃質

屬火，重禮節。宰相、與宗教修行緣分深。

分數

40 分

請沿線剪下

請沿卡片邊緣剪下即可使用！

請沿線剪下

車

走法

上下左右、什麼都能吃。

特質

屬木，心軟壓抑。人上人，不願受約束。

分數

30分

俥

走法

上下左右、什麼都能吃。

特質

屬木，心軟壓抑。人上人，不願受約束。

分數

30分

請沿卡片邊緣剪下即可使用！

車

走法

上下左右、什麼都能吃。

特質

屬木，心軟壓抑。人上人，不願受約束。

分數

30分

俥

走法

上下左右、什麼都能吃。

特質

屬木，心軟壓抑。人上人，不願受約束。

分數

30分

請沿線剪下

請沿卡片邊緣剪下即可使用！

請沿線剪下

馬

走法

只能走斜的、什麼都能吃。

特質

屬木，人中人，遊走人群中。

分數

20分

傌

走法

只能走斜的、什麼都能吃。

特質

屬木，人中人，遊走人群中。

分數

20分

請沿卡片邊緣剪下即可使用！

馬

走法

只能走斜的、什麼都能吃。

特質

屬木，人中人，遊走人群中。

分數

20分

傌

走法

只能走斜的、什麼都能吃。

特質

屬木，人中人，遊走人群中。

分數

20分

請沿線剪下

請沿卡片邊緣剪下即可使用！

請沿線剪下

包

走法

只能隔山走、什麼都能吃。

特質

屬水，代表創意。會很想有所作為。

分數

15 分

炮

走法

只能隔山走、什麼都能吃。

特質

屬水，代表創意。會很想有所作為。

分數

15 分

請沿卡片邊緣剪下即可使用！

包

走法

只能隔山走、什麼都能吃。

特質

屬水，代表創意。會很想有所作為。

分數

15 分

炮

走法

只能隔山走、什麼都能吃。

特質

屬水，代表創意。會很想有所作為。

分數

15 分

請沿線剪下

請沿卡片邊緣剪下即可使用！

請沿線剪下